聖書は
我に
かく語りき

対馬栄逸

和器出版

聖書は我にかく語りき

対馬栄逸

聖書は我にかく語りき

目次

妻、光子へ
父と母へ
そして、いつも恵みを与えてくださる神様と
本書の実現を助けてくださったすべての方々へ
心からの感謝を贈ります

聖書は我にかく語りき

対馬栄逸

バチカン写本から。
4世紀に作られたギリシャ語の写本。羊皮紙を使った冊子本の体裁をとり、旧約聖書と新約聖書が収められている。バチカン図書館所蔵。写真は Wikipedia より。

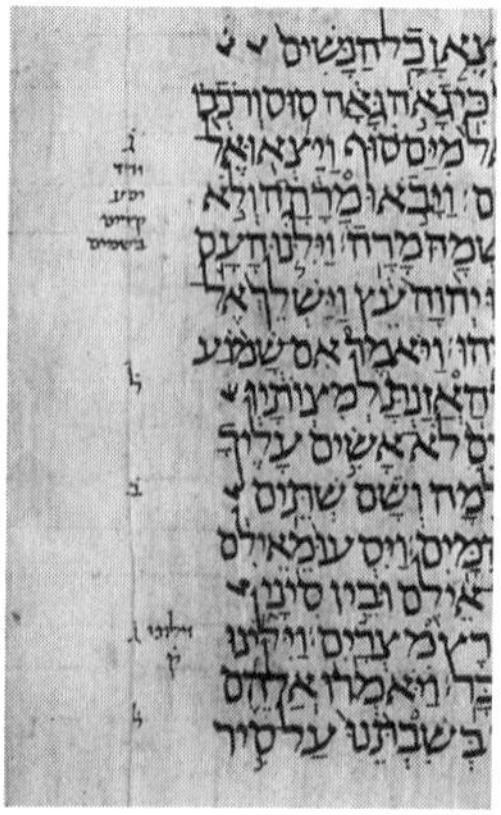

レニングラード写本から。
かつて本として出版され、今も完全体として残るヘブライ語聖書の中では最古の写本のひとつといわれている。
作成年は1008年という説がある。写真はWikipediaより。

聖書と私

聖書との出会いは、私がキリスト教系の高校に通っていた頃のことです。以来、聖書は私にとって人生のあり方や考え方に大きな影響を与えてくれた大切な書物となったのですが、私自身は聖書を専門に学ぶ道には入らず、自由な発想のできるアマチュアとしての聖書の読み方を続けてきました。

アマチュア精神は、時として神から高く評価される場合があります。

イエスもご自分の十二使徒を選ぶ際、意図的に「漁師から」最重要な弟子たちを選んでおられます。なぜか、聖書の専門家である律法学者パリサイ人からは、「最重要な三人の弟子」たちを選ばず、まったく聖書のプロではない、聖書の知識も豊富ではなかったであろう、ただの漁師や、一般の人の中から多くの弟子たちが選ばれたのです。

私も彼ら多くの弟子たちと同じように、神を信じる市井の一個人として、聖書を読み続け、人生の糧となる多くの示唆を得てきました。そのことを少しでも多くの方々とともに分から合いたいと思い、綴ってきた拙い言葉が本という形となったことを心から嬉しく思っています。

聖書はどんな人にも開かれており、すべての人にとって財産となりうる書物である――

本書の上梓にあたって、改めてそう強く感じています。

❖序にかえて❖

イスラエル旅行の思い出から

今から三十五年以上も前のことになるでしょうか。ある年の夏、私と妻と友人の三人は、イスラエルへの旅を思い立ちました。イエスが歩まれた場所、エルサレムを旅行してみたいと思ったのです。

エルサレムまでの行き方はいくつかあったのですが、その当時、日本から最も安く行ける航空券は、南回りの航空券でした。

記憶がやや薄れていますが、確かタイ経由で、インドなどを経て、丸二四時間近い時間をかけて、ようやく経由地であるギリシャのアテネに到着したと記憶しています。

私たちはアテネでまず一日観光した後、現地で航空券を買い、向かったのは、イスラエルではなく、エジプト――。

なぜ直接イスラエルに行かなかったのか？

といえば、エジプトから、モーセのように、シナイ半島を経て、イスラエルに入る計画を立てていたからです。モーセの四十年の長旅のほんの一部分を、自分たちも味わってみたかったのです。

日本とは別世界だった、はじめて訪れたエジプト

三十五年前のことですから、若さゆえの恐れ知らず、冒険心満載の旅行です。泊まる場所の確保も事前にはほとんどせず、エジプトでの宿もカイロに向かう飛行機の中で、スチュワードに安全なホテルを教えてくれるように頼んで確保したほどです。

スチュワードの紹介なのだから、比較的手ごろで、良いホテルに泊まれると期待していたのですが、着いたホテルはまるで工事中かと見紛うほど……コンクリートブロックを積んだだけで、エレベータもない、震度三ぐらいの弱い地震でも、完全に壊れしまいそうなホテルです。室内にはバスタブはありましたが、水は、チョロチョロしか出ず、お風呂には結局入れずじまい。ほとんどの宿泊客はアラブ系らしき人々だったことを覚えています。

神経質な妻は、その夜は不安で眠ることもできなかったようです。旅から数年経ってから、妻は「エジプトに着いた途端に何から何まで異様な光景に映り、とても心細くなってしまった」

と、その時の気持ちを正直に笑いながら話してくれたのですが、目にするもの聞くものすべて日本とはまるで違う世界だったことは確かです。

私たちの周りの人はほとんど全員がイスラム教徒で、特有の服装をしていて、道路は、たくさんの車がものすごい勢いで走るし、傷だらけの汚れた車ばかりで、街中は、貧しい人々で溢れている……この国から果たして私たちは生きて出られるのだろうか、妻は言葉にはしませんでしたが、心中そこまで心配をしていたようです。

そんな気持ちを抱えながら、翌日、ピラミッドのバスツアーに私たちは参加したのですが、たまたま一緒になった米国人の旅行客に、今泊まっているホテルが余りに粗末で、安心して眠れないということを話したところ、彼らの泊まっているホテルは快適だから、ホテルを替えた方が良いと親切に紹介までしてくれたので、渡りに船とさっそくすすめられたホテルに移ることにしました。

行ってみると、私たちが最初に泊まったホテルとは大違いの、外国人用の立派なホテルです。妻もようやく安心できたようで、その晩はぐっすりと眠っていたことを記憶しています。ただ、旅が進むにつれ、バスの車窓などからエジプトの人々の貧しい暮らしぶりを垣間見る機会が増えてくると、私たちが最初に宿泊したホテルも、決して最低クラスのホテルではなかったのかもしれない、そんな理解をするようにもなりました。

エジプトからイスラエルへ。バス旅中に遭遇した砂嵐

さて、カイロからはバスで、イスラエルの首都テルアビブへ。

モーセが四十年間も留まった砂漠です。そう想うと、感慨深いものがありましたが、カイロを出発して暫くして遭遇したのは、強い砂嵐です。

生まれて初めて見た砂嵐は、過去に映像で見たものより遥かに凄まじいものでした。たったの一メートル先さえも見えないくらいで、景色は一切眺められません。車窓に強く砂が打ちつけられる中を、バスは数時間ものろのろと走りました。おそらく自転車以下の速度、時速一〇キロメートル程度ではなかったかと思います。

いつ終わるのか分からない砂嵐は、私たちのように、砂嵐を見慣れない人間にとっては、本当に恐ろしいものでした。

砂嵐を抜け切っても、シナイ半島は、見渡す限り砂漠また砂漠の世界です。正直なところ、モーセは、よくこんな植物がほとんど育たない場所に四十年も住んだものだ――そんな感慨がふと浮かんだことを覚えています。

そのバスの車中、私たちの隣には、ヨルダン人の男性が座っていたのですが、彼はイスラエルに入るための検問を受ける前に、「僕はこの検問を通れないかもしれない」と語っていたの

ですが、実際その言葉通りになりました。彼がエジプトに送り返されたのかどうか、私たちには知る由もありませんが、彼がバスに戻って来ることはありませんでした。ヨルダンとイスラエルの間には、様々な問題があるということを、私たちも実際に目撃してしまったのです。

ところで、私たちはエジプトから、パレスチナ自治政府の行政区画であるガザ地区に入りましたが、ガザ地区とイスラエルの国境が、厳重に封鎖されてしまっている今の政治状況ではまったく考えられないことですが、この時代は、エジプトからイスラエルに行くバスは、ガザを通ってイスラエルに入ることができました。私たちもこのルートを通ってイスラエルに入ったのです。

妻はイスラエルに入ったことを何よりも喜んでいました。延々と続く不毛の地である砂漠から、イスラエルに入ったとたんに、一面緑が広がっていたからです。もちろんそれは、彼女だけの感想ではありませんでした。私たちは、イスラエルに入って、何故か心からホッとしたのです。それは肉体的にでもありますが、私たちの霊までもが喜んだかのようでした。

日本人のように、生涯のほとんどを緑に囲まれて生きて来た人間には、砂漠は、あまりにも索漠とした光景に映り、心の安らぎを感じられなかったのです。早くここから逃げ出したいという強い気持ちを抱えながら、一日中バスに乗っていたのです。辛い道中の思い出の一つですが、いま振り返れば二度と経験できないような良い経験だったとも思います。

搾りたて人参ジュース、軍人との遭遇、そして人生初のヒッチハイク……

　ガイドに頼らずにイスラエルでの旅を続けながら、私たちは、エルサレムやベツレヘムの聖書に登場する名所とか、ガリラヤ湖、ハルマゲドン＝メギドの丘などを訪ねました。通常の路線バスを乗り継いでの観光です。

　旅行会社がすべてを手配してくれるような旅行に比べれば、決して効率の良い観光地巡りではありませんでしたが、現地の人々との出会いがあり、その国ならではのさまざまな経験をすることができたのは、ガイドがいないがゆえの旅だったからこそ、と思います。搾りたての人参のジュースが本当に甘くて特別に美味しかったというような、何でもない日常の出来事との出会いも、いまに残る思い出の一つです。

　こうしたバスでの移動中、軍人との遭遇も何度か経験しました。

　イスラエルの路線バスには、軍人がかなり頻繁に乗り込んでくるのです。当然ですが、彼らは軍服を着て本物の銃を持ったまま入ってきます。そこまでは良いのですが、数人で乗り込んでくる彼らがカチャカチャと銃をいじるときがあって、これには正直、はらはらさせられました。彼らは慣れているので安全だと思ってやっているのでしょうが、何かの拍子に、たとえば、急ブレーキが踏まれたときに誤って引き金を引いてしまうのではないか……そんなことを思うと心配で、私たちには決して気持ちの良いものではありません。この旅中、不安を感じた思い出の一つとなって記憶に残っています。

生まれて初めて「ヒッチハイク」を経験したことも、この旅での忘れられない思い出です。ハルマゲドンからエルサレムへ向かおうとしたら、エルサレム行きのバスの本数が非常に少なく、一時間以上待つ必要があったので、やむなくヒッチハイクを試してみたのです。

日本では考えられないことですが、なんと、運よくすぐに大型のバスが止まってくれました。運転手さんに話を聞くと、この国では非常事態が続いている関係で、とくに軍人がヒッチハイクで移動する必要が頻繁に発生すること、そのことを国民はよく理解しているので傾向としてヒッチハイクをする人に寛容な気持ちを持っている、とのことでした。

私たち旅行者がヒッチハイクができた背景に、国の事情が反映しているということ、それを肌で知った体験でもありましたが、そのヒッチハイクしたバスの乗客は、目的地のエルサレムに着くまで私たち三人だけでした。バスをヒッチハイクしたら、貸切バスになってしまったという奇妙な体験でもあったのです。

エルサレムからテルアビブへの帰路、一人のユダヤ人に出会う

さて、こうしてさまざまに印象的な体験をしたこの旅行の中で、いまでもとくに印象深く記憶に残っている出来事といえば、エルサレムからテルアビブへ帰ろうとした日のことです。

それは、土曜日のことでした。私たち日本人には理解しがたいことですが、イスラエルでは、安息日である土曜日には、全ての公共機関の窓口は閉まり、全ての仕事は止まってしまいます。国内を走る全てのバスも、列車までもまったく動かないのです。

イスラム教徒が経営する会社のタクシーであれば、動いていますから、お金持ちであれば利用できるのですが、私たちは貧乏旅行をしていましたからそれはできません。

安息日が終わるのは、土曜日の夕方、星が三つ以上見えるようになるとバスが再び走り始めます。私たちは昼から約半日待って、ようやくエルサレムからテルアビブに向かうバスに乗ることができたのですが、車中に、少したどたどしい日本語で一生懸命話しかけてくるユダヤ人の男性がいました。ユダヤ教徒特有の帽子「キパ」を頭に載せています。隣の席に座って、話してみると、日本語を勉強している人だということがわかりました。

ユダヤ人には頭の良い人が多い、ということが実感できるような会話だった印象が今も残っていますが、最初は日本語だった会話はいつのまにか自然に英語に変わっていました。そうやって話し込んでいくうちに彼は英語で私にこう聞いてきたのです。

「日本人の宗教は何ですか？」と。

私はごく一般的な日本人のことを思い浮かべながら「仏教ですね」と答えたのですが、その私の答えを聞いた彼の勝ち誇ったような表情と言葉は、非常に印象的でした。

「たいていの日本人は、そのように言いますが、本当は、神道も信じているはずです」

確かに、私たち多くの日本人は、めでたいことがあると神社に出掛けて、神道式で祝い、葬式は、お寺に行って仏教のやり方で儀式を行います。その二つの宗教をどちらも平気で生活の一部として取り込んでいるのが日本人の特徴であり、ユダヤ人などの一神教を信じる人には、信じられないような、不思議な行為に映るようですが、日本人の宗教観と、その実際のあり方まで知っているユダヤ人がそんなにいるとは思えません。私は、彼の日本に関する知識の深さに感心してしまいました。

イスラエル最後の夜の、忘れられない対話の思い出

バスを降りて別れるとき、彼は親切にも「明日の夜にテルアビブを案内してあげよう」という親切な申し出をしてくれたのですが、うれしいことに約束通り、翌日の夜、彼は車で宿まで私たちを迎えにきてくれました。そして数か所の遺跡を中心に、テルアビブの案内をしてくれたのですが、ユダヤ人の多くがそうであるように、彼もかなりの議論好きな、そして学者肌の

人物でした。

その夜、彼と交わした会話は私たちにとって、とても興味深いもので、この旅の中でも、とりわけ印象深い思い出にもなっている出来事なのですが、もしかしたら日本に関心のあるユダヤ人の彼にとっても、このときの会話は「驚き」とともに記憶された思い出として残っているかもしれません。

彼が驚いたのは、彼が私に向かってこう切り出した時のことです。

「これは、ユダヤ人でも九九パーセント知らないことなのだけれども、ヘブライ語のアレフの文字の意味は……」

彼はその続きを話そうとしていたのだと思いますが、そうはならず、代わりに驚きの声に変わってしまったのです。というのは、彼が続きを話す前に、私がこう答えてしまったからです。

「An Ox（雄牛）ですね」

それを聞いた彼は本当に目を丸くしていましたから、あきれるほどびっくりしたようです。

「なぜユダヤ人でも知らないことを日本人のあなたが知っているのだ？」

実は、ヘブライ語に限らず、アルファベットの最初の文字は、雄牛を表すことが多いのです。英語のAも逆さにして、真ん中の棒を少し長くすると、牛の頭に見えます。ギリシャ語のα（アルファ）も九十度傾けると、牛の角と顔になります。私はそのことをよく知っていたのです。

次に彼は、私が新約聖書を信じていることを知っていたので、このような質問を投げかけてきました。

「キリスト教において神とは誰を指すのか？」

私はこう答えました。

「天父と、御子であるイエス・キリストと聖霊である」

すると、彼は非常に強い調子で私に反論してきたのです。

「ユダヤ教では、複数の神々の存在は、絶対に認められないことだ」

ユダヤ教は一神教である、という意味です。

しかし、その彼の反論も私の中ではすでに用意されていたことでしたから、私は即座にこう切り返したのです。

「エロヒムの単語そのものが神々の意味であり、複数の神ではないか」

エロヒムとは旧約聖書に出てくる「神」の意味を持つ言葉なのですが、語形としてはエル（el）の複数形ですから、忠実に訳せば「神々」となるはずではないか。そういう複数の神々をあなた方ユダヤ教は神としてきたのではないですか、と彼に問いかけたのです。

私の言葉を聞いた彼は大きな衝撃を受けたようでした。すぐにはどんな言葉を継いだらいいのかわからず、迷いの中を巡るようにしばらく唸っていたのですが、やがて、思い決めたように静かにこう話してくれたのです。

「実は、自分もそのことについて、深く悩んだことがあるんだ……」

こうして私たちの議論は幕を下ろしたのですが、彼との得難い対話の時間が暖かく灯してくれた私の心の中の灯りは別れの時が来るまで消えることなく、おかげで私はイスラエルでの最後の夜をこの旅の最高の思い出とすることができたのです。

＊

さて、みなさんは、聖書を専門に学んだ経験があるわけでもない私が、なぜ熱心なユダヤ人を言い負かすほどの知識を持っていたのか、不思議に思われるかもしれません。

たまたまの偶然か、何かの導きか、いろいろ考えることはできると思いますが、こういうときいつも私はこんなふうに思うのです。

「これは神様がそうなさったこと、実は私の力だけではない力が働いただけなのだ」と。

もしこの本がみなさまの心に変化を起こすような、そんな小さな奇跡を起こすことがあるとすれば、それも、やはり「神々が、私にこの本を書くように、命じられたから」と私は考えます。人の心に変化を起こすようなことは私が意図してできることではありません。それができるとすれば、私の力を超えた力が働いたからだろう――そう考えることが神を信じる者の自然なあり方ではないか、と私は思うのです。

その意味で、本当に偉大な、奇跡的なこととは、なにより「神様の存在を確かに知ること」なのかもしれません。

聖書を何十年と読み続けてきた私ですが、聖書はいつも新しい発見をさせてくれる尽きない知恵の泉のような存在です。いまだに理解の届かないところ、難しいと感じる言葉はたくさんあるのですが、祈りとともにそのことを考えていると、突然ハッと、その答えが心の中に浮かぶことがあるのです。この瞬間が、私にとっては何よりも楽しいとき、そして、神様に心から感謝する気持ちになるときでもあります。この本を書いている途中でも、そんな経験が、何度も何度もありました。

本書は「素人の探求者」の目で眺めた独特の聖書論ですが、読者のみなさまに楽しんで読んでいただいて、聖書の言葉を少しでも身近なものとして感じられますように、何かしらの発見と出会えますように、と心から願っています。

そのことに勝る私の喜びはありません。

二〇一八年三月　対馬栄逸

第1章

聖書とはどういう書物か

聖書は時代も、語り手も、主題も、少しずつ異なる多様な物語が、「神」という存在を通してひとつにつながった、織物のような書物といえます。

聖書という名前は知っているけれど、書物としては馴染んだことがない――そんな方のために、聖書はどのようにしてできあがってきたのか、どのような内容から成り立っているかなど、聖書という書物の輪郭にあたるところからまずお話ししてみたいと思います。あくまで一般的な説をもとにした、神を信ずる私の立場からのごく簡単な説明になりますが、聖書をお読みになる際の、一助となりましたら幸いです。

1 聖書という書物の成り立ちと時代背景

◆誰がどのようにして書いた書物なのか

聖書の最も古い時代のものは「モーセの五書」と呼ばれるものです。旧約聖書の「創世記」から「申命記」までの最初の五つがそれにあたります。一二〇歳まで生きたといわれるモーセが活躍した時代は、諸説ありますが、紀元前一六世紀から紀元前一三世紀の間のどこかと考えられています。

しかし、モーセが記録した創世記の中にある天地創造の時代は、聖書の記述を文字通りに信じれば、紀元前四〇〇〇年頃から始まります。紀元前の約四〇〇〇年間と紀元後の二〇〇〇年余りが加わりますから、現在は天地創造から約六〇〇〇年より少し後の時代ということになります。

モーセは、世界の天地創造をはじめとした、モーセ以前の時代に起きた出来事を、神からの啓示（言葉が中心）と示現（映像が中心）によって教えてもらい、自分の言葉で記録としてまとめたのです。

モーセ以降の書も、神から選ばれた多くの指導者や預言者たちによって残されました。聖書は神の言葉を記録したものですが、預言者や指導者は人間なので、それぞれの個性による表現の差異が多少は存在しています。

しかし、神の啓示に根本的な矛盾はありません。そのほとんどの記述は、不思議な統一感に満ちています。ちなみに、ソロモン王が書いたとされる「雅歌」は、例外的に神の啓示ではない、かなりセクシーな表現がなされた、極めて人間的な文学書となっているように思います。

◆旧約聖書と新約聖書の違い

聖書には旧約と新約の「二つのカテゴリー」が存在しています。旧約聖書はイエス・キリストが誕生する前まで、新約聖書はイエス・キリストの誕生にまつわる物語から始まる記録です。主に第2章で触れるイザヤ書は、イザヤが受けた多くの啓示や預言が含まれた、旧約聖書の預言の書の中の一つです。

少しだけ、ユダヤ人にとっての聖書について記しておきましょう。
一般的に、ユダヤ教の人々は旧約聖書しか信じていません。旧約聖書は様々な分類法があり、含まれる書の数も宗教によって変化しますが、ユダヤ教では三つのカテゴリーに分けられます。
律法の書（トーラー）：モーセの五書
預言の書（ネビイーム）：イザヤ書や、エゼキエル書など
諸書（ケトゥビーム）：詩篇、箴言、ヨブ記、ダニエル書など
そして、旧約聖書に登場する神は、創世記の初めの部分以外は、主に「主なる神」＝ヤハウェ＝エホバを指しています。
一方、新約聖書は紀元元年の少し前の記述から始まる、主にイエスの選んだ弟子たちの手による二十七の記録が中心になっており、キリスト教徒は旧約聖書も新約聖書も信じています。
イスラム教においては、イスラム教祖のムハンマドは旧約聖書と新約聖書を熱心に学んでいたとされており、元々はイスラム教も旧約聖書や新約聖書を信じていました。しかし、近年では聖書を用いず、クルアーン（コーラン）が中心となっているようです。
さて、先ほども申し上げたように、多くのユダヤ教徒はイエス・キリストをメシア（救い主）と認めていないので、基本的にはイエスに関する記録である新約聖書を信じていません。しかし、新約聖書のヨハネの黙示録に関しては「立派なユダヤ文学である」として存在価値を認めている

人が多いそうです。これは稀な例といえるでしょう。
なぜ、ユダヤ教の人々が、イエスをメシア（救い主）ではないと考えているのかと言えば、旧約聖書の預言の中にある「メシアは偉大な王として、全世界を統治する王となられる方である」という部分を信じていたからです。以下にそのメシアに関する預言の一つを記します。

ゼカリヤ書14：08
主は地上を全て治める王となられる。
その日には、主は唯一の主となられ
その御名は唯一の御名となる。

イエスが地上に居られた当時のユダヤ人たちは、ローマ帝国に支配されて辛い境遇に暮らしていました。ですから、これらの預言を信じる人々は、イエスに対し、ローマ帝国の支配から解放してくれた上で、世界を治める救い主であることを示して下さるのを期待していました。しかし、イエスが「(ローマ人である）敵をも愛する」と、新しい律法を説かれたため、大きく失望したのです。ユダヤ人たちは「本当の救い主は聖書の預言通りに栄光をもって降臨される」と、今もなお、同じ期待を持ち続けているのです。

◆ヘブライ人とは誰か

ユダヤ人が話す言語はヘブライ語であり、ユダヤ人は時に「ヘブライ人」と呼ばれます。その理由を短く記したいと思います。

まず、イスラエル人やユダヤ人が自分たちの父祖として仰ぐのは、アブラハムという偉大な神と語ることができる、預言者であり、指導者でもある人物です。聖書にはアブラハムが生まれたのは、紀元前約二〇〇〇年頃のウルの地、とあります。ウルは古代文明の発達したメソポタミアにあった町で、現在のイラクに位置しています。なお、アブラハムはイスラエルの人々の父祖ですが、多くのアラブ人やパレスチナ人のイスラム教徒から父祖としても尊敬されています。

やがて、アブラハムは神に導かれて旅をし、パレスチナの「ヘブロンの町」に滞在するようになりますが、この町名である「ヘブロン」からヘブライの名が出て来たとされています。異説も存在しますが、ヘブライはヘブロンという町の名前に由来するようです。

アブラハムの家を継いだ息子が「イサク」であり、イサクの子ども、すなわちアブラハムの孫が「ヤコブ」と「エサウ」の双子の兄弟です。ヤコブは後に神の命令で「イスラエル」に改名し、エサウの子孫はアラブ人やパレスチナ人と呼ばれる人々の父祖になった、と言われています。

その後、ヤコブ（イスラエル）には十二人の息子が生まれます。その中にユダヤ人の祖となるユダや、後に北イスラエルの中心人物となる、エジプトに売られたヨセフなどがいます。ヨセフは後に十二支族の中の最大勢力となりました。

さらに、ヤコブよりも後の時代にエジプトで生まれ、聖書の最初の五書を書いた偉大な預言者がモーセです。モーセは、十二支族の中のレビ族の血を引く人物とされ、エジプトで奴隷になっていたイスラエル人をエジプトから救い出したことは広く知られている通りです。その後、砂漠を旅している間に、神殿の原型となる移動式の「幕屋《まくや》」（日本の神社の構造によく似ているともいわれます）を神の命令で作り、それを携えながら現在のイスラエルのエルサレムの方向に向かうのですが、神によってイスラエルの地に入る寸前に天に召されたとされています。

◆イスラエル王国の黄金期を築いたダビデ王の時代

イスラエル国の黄金期は「ダビデ王の時代」と言われており、当時、文化的にも物質的にも、最も栄えた王国であったとされています。

王の優れた統治により、平和と繁栄が息子のソロモンの時代まで続き、世界中の王が当時のイスラエルを訪れるまでになりました。また、ソロモン王の時代に、都であるエルサレムのモリヤの山に、イスラエル人にとって最初の神殿が建てられました。

ダビデ王の系譜はメシア（救い主）とも深い関係があり、メシアはダビデ王の神に忠実な働きに対する神の祝福・約束によって、必ずダビデ王の子孫の中に出現するという決まりになっています。新約聖書のマタイによる福音書とルカによる福音書に、ダビデ王からイエスに至るまでの系図が長々と書いてあるのはそのためです。その系図が「イエスが正統なダビデ王の子孫であること」を証明しているのです。

◆イスラエル王国の分裂と十支族の行方

ダビデ王の時代に繁栄を謳歌したイスラエルも、その後は、神の前に数々の罪を重ね、堕落したソロモン王の時代を迎えます。そのソロモン王が統治した時代が終わると、イスラエルは南北二つの王国に分裂しますが、両国とも戦争に巻き込まれて敗北し、苦難の時代に入ります。

戦争に負けた北イスラエル王国の十支族は、アッシリア王国に奴隷として連れて行かれます。やがてアッシリアが滅びると奴隷の立場からは解放されるのですが、彼らがイスラエルの地に戻ることはありませんでした。その足跡が忽然と途絶えてしまった十支族がはたしてどこへ向かったのか……そのことは現在でも解き明かせない、世界史最大の謎の一つといわれています。

一方の南のユダ王国（二支族＋レビ族）もバビロニア王国に滅ぼされ、奴隷の境遇に置かれますが、ペルシャ国王のキュロスに助けられて、辛うじてユダ王国は回復します。その後、一時は独立を果たしますが、紀元前六三年頃、今度は完全にローマ帝国に支配されてしまいます。

この国が分裂して以来、長く苦しい奴隷的な境遇にあった時代に、多くの預言者が現れてイスラエルの人々を励ましており、イザヤもその一人と言われています。

◆イエス・キリストの出現

ユダ王国の人々が奴隷の惨めな境遇の下、メシア（＝救い主）を切望していた時期に出現したのがイエスでした。しかし、王としての強い権力を持たず、ローマ帝国の支配から救ってくれないイエスを、ユダ王国の人々は期待外れの「偽のメシア」と見なし、十字架刑を科してしまいます。

その後、ユダ王国の人々は、ローマ帝国の支配から独立しようと戦いを挑みますが、紀元七〇年を少し過ぎた頃には完全に敗北し、残った人々も世界中に離散してしまいました。彼らがいまユダヤ人と呼ばれている人々の祖先にあたります。
しかし、新約聖書にある二十七書では、ユダ王国の滅亡までは記されておらず、イエスと弟子たちの活躍で終わっています。ローマに渡ったペテロとパウロが殉教してからは、イエスの弟子たちが持っていた神の預言者としての権能が消滅してしまったかのように、その後、書き継がれることはありませんでした。

以上が一般的に知られている聖書の簡単な概要ですが、聖書として採用されなかった「聖書外典」と呼ばれる書も多く存在しています。その中には、偽書と呼ばれてもやむを得ないものもありますが、マカバイ書のように元々は聖書の一部であったとされる、価値のある書も存在しています。

◆古代イスラム教徒にとっての聖書

現代に生きる私たちは、聖書はキリスト教徒やユダヤ教徒のものと単純に考えがちですが、イスラム教の開祖であるムハンマドが生きていた頃、聖書はイスラム教でも基礎となる大切な教典だったといわれています。イスラム教も新旧約聖書を源流として生まれた宗教ですから、当時、聖書が、ユダヤ教、キリスト教、イスラム教といった宗派に関わらず、神を信じる人の考え方や生き方の中心に据えられていたとしても不思議ではない――私はそのように考えています。

しかし、その後、カトリック教会が派遣した十字軍の野蛮で無慈悲な侵略行為によって、多くのイスラム教徒が殺害されます。そのことが大きな原因となって、イスラム教徒はカトリック教会が信じる聖書の教えを中心にすることに抵抗を感じるようになりました。

いま、イスラム教の中心に据えられている教典は聖書ではなく、クルアーン（コーラン）であることは、みなさんもよくご存知の通りです。

2 聖書とエジプト語

◆最古の聖書はヘブライ語で書かれていた？

現代の聖書は、さまざまな言葉に翻訳されていますが、その源流をたどると何語に行き着くのでしょうか？

現在に残る最古の旧約聖書は、ヘブライ語で書かれたものですが、ヘブライ語そのものは紀元前一〇世紀のダビデ王の時代前後に作られたとされる、比較的新しい言語です。創世記などの最も古い聖書とされる「モーセの五書」の著者であるモーセの時代には、私たちの知るヘブライ語の言語そのものがまだ存在していませんでした。

この時代のイスラエルの人々は、エジプトでは奴隷の立場だったので、日常的にエジプト語を話していたとされています。モーセもエジプトで生まれ、エジプトの王家に拾われて育った人ですから、エジプト語を話していたことは想像に難くありません。だとすれば、旧約聖書の最初の五つの物語、いわゆるモーセの五書は、創世記や申命記を含めて、エジプト語で書かれていたのではないでしょうか。その記述に使われた文字はエジプト語の古代文字、「神聖文字」と呼ばれるヒエログリフ＝象形文字であった可能性が高いと想像されます。

ヘブライ語に翻訳されたのは、その後のことで、ダビデ王の時代の頃に、ヘブライ語に翻訳され、さらに時代を経るにしたがって、ギリシャ語（新約聖書はギリシャ語で書かれました）や、世界中の言語に翻訳されていった——そう考えるのが自然ではないかと私は考えますが、さて、みなさんはどうでしょうか。

◆RとLの区別がなかったエジプト語から、区別のあるヘブライ語へ

古代エジプト語の特徴のひとつに、日本語と同じように、RとLの区別が存在しなかったことが挙げられます。ヘブライ語が確立したのは紀元前一〇〇〇年頃のことです。それまでは当然、イスラエル人もエジプト語の影響を受けた環境の下で暮らしていたことでしょうから、ヘブライ語成立以前のイスラエル人は、古代エジプト人同様に、RとLの区別ができなかったと考えるの

が自然です。

ここにその根拠となる資料を明示することはできませんが、古い初期のヘブライ語の記録には、RとLの誤用が多く発見されていると学んだ記憶があります。

しかし、ダビデ王の時代の前後に確立したとされるヘブライ語では、R（レーシュ）とL（ラメド）がしっかり区別できるようになっています。初期のヘブライ語では曖昧だったRとLの区別が、ダビデ王時代に鮮明にされたとすれば、その背景に何か事情があったのかもしれません。

これは私の推測ですが、近隣諸国との交易を盛んに行っていたダビデ王ですから、RとLの区別をしていたギリシャ人など白人種をはじめ、国際的に言語を通じやすくするために、あえてRとLの区別をヘブライ語に採用したのではないでしょうか。エジプト語からヘブライ語への移行の裏側に、そんなダビデ王の意図も感じられるのです。

聖書の最初の記述に使われたのではないかと思われるこの古代エジプト語も、その後、エジプトの国が滅んでしまってからは死語同然に廃れてしまいます。

そして、長い間、まったく解読不能の言語とされてきたのですが、一九世紀初頭、フランス人のジャン・シャンポリオンが、石碑に刻まれていた古代エジプト文字、ヒエログリフの解読に成功し、奇跡的な失われた言語の復活を遂げました。

この古代エジプト文字が刻まれていた石碑が、有名なロゼッタ・ストーンです。

◆古代エジプト語と日本語の不思議な類似性

聖書からやや脇道にそれますが、日本語と古代エジプト語の間には、さきほど触れたRとLの区別がないことの他にも、不思議によく似たところがあるといわれています。

私の知る限り、最も古くそのことを指摘したのは賀川豊彦氏の「雲水遍路」でしょう。短い記述ですが、もしかすると、最初の聖書の言語と考えられるエジプト語と日本語の間には、古代から何か深い繋がりがあったのかもしれません。

参考までに記しますと、現在でもRとLの区別ができない民族や国民は、アイヌ人を含む日本人、ビルマ語人、ポリネシア人、韓国人、中国人の一部地方の民族である、とされています。

アイヌ人がRとLの区別ができないということは、アイヌ人と系譜がつながるといわれる縄文人もRとLの区別ができなかった可能性が高いでしょう。とすれば、一万年以上昔から、RとLの区別ができない民族が日本の地に住んでいたことになります。

雄大な想像になりますが、一万年前の昔、アイヌ語の母体となったと思われる縄文人の言語とエジプト語との出会いがどこかであったのかもしれません。エジプト語とアイヌ語の単語の比較をしてみれば、共通する単語が多数見つかるかもしれない……想像は広がります。

聖書と日本語のつながりについての考察は、第3章で改めて触れてみたいと思います。

3 イエスが「たとえ」を頻繁に用いた理由

◆弟子たちも疑問に思ったイエスの語り方

聖書に記されたイエスの語り方には、ひとつの大きな特徴があると私は感じています。それは、「たとえ」を頻繁に用いて話すということです。

聖書をはじめて読まれる方には、このイエスの語り方をむずかしいと感じる方も多いかもしれません。イエスの弟子たちも、このようなイエスの語り方に不思議さを覚えたのでしょうか。イエスと弟子の間で交わされた次のような場面があります。イエスが「たとえ」を用いて話す人たちと、そうではない人たちがいることの理由を、弟子たちがイエスに問いかける場面です。

マタイによる福音書13：10～17

弟子たちはイエスに近寄って、「なぜ、あの人たちにはたとえを用いてお話しになるのですか」と言った。イエスはお答えになった。「あなたがたには天の国の秘密を悟ることが許されているが、あの人たちには許されていないからである。持っている人は更に与えられて豊かになるが、持っていない人は持っているものまでも取り上げられる。だから、彼らにはたとえを用いて話すのだ。見ても見ず、聞いても聞かず、理解できないからである。

天の国の秘密を悟ることを許されているものと許されていないものがいる。許されていないものには、「たとえを用いて話す」とイエスは語ります。では、「天国の秘密を悟ることを許されていないもの」とはどういう人達なのか。
次に続く一節では、そのことが語られます。

イザヤの預言は、彼らによって実現した。『あなたたちは聞くには聞くが、決して理解せず、見るには見るが、決して認めない。この民の心は鈍り、耳は遠くなり、目は閉じてしまった。こうして、彼らは目で見ることなく、耳で聞くことなく、心で理解せず、悔い改めない。わたしは彼らをいやさない。』

しかし、あなたがたの目は見ているから幸いだ。あなたがたの耳は聞いているから幸いだ。はっきり言っておく。多くの預言者や正しい人たちは、あなたがたが見ているものを見たかったが、見ることができず、あなたがたが聞いているものを聞きたかったが、聞けなかったのである。」

イザヤ書の預言が示していた「聞くには聞くが決して理解せず、見るには見るが、決して認めない」民、彼らこそが「天国の秘密を悟ることを許されていないもの」である、とイエスが語る有名な場面がこれです。

◆「たとえ」が隠そうとしたこと。表そうとしたこと

このように、イエスは不信仰な人々や悪意ある人々に対し、意図的に「たとえ」を用いて語られました。しかし私は、この例に限らず、旧約聖書や新約聖書は、全体を通して、すぐには理解ができない「たとえ」が多用されていると感じます。

とくに重要な預言は、悪意ある人々に知られても問題がないように、「たとえ」などを用いて意図的に人々の目や耳から隠されていたのではないかと考えられるのです。「たとえ」を用いず、

言葉の通りに受け取ることができるような、わかりやすい話し方をされているときは、逆に言えば、悪意ある人々に知られても問題がない程度の、高度ではないことが話されているときであり、そういうときに限って、そのまま言葉の通りに書き記されたのではないでしょうか。

たとえば、創世記にある七日間の天地創造に関する場面を例に説明しましょう。次の一節からもわかるように、神々の時間と人類の時間の感覚はまったく異なっています。

ペトロの手紙2　03：08
愛する人たち、このことだけは忘れないでほしい。主のもとでは、一日は千年のようで、千年は一日のようです。

このように、神の世界と私たちが生きる現世の時間の流れは、まったく違っているということ——つまり、神の世界の時間の感じ方と、現世における時間の感じ方の違いを、言葉で端的に表すとしたら、「たとえ」を用いることがもっとも優れた方法とも言えます。その意味では、天地創造が七日間で行われたことも、完全に「たとえ」で語られたことでしょう。

ですから、イエスが「たとえ」を頻繁に用いた理由について、私はこんなふうに考えるのです。

先に挙げたマタイ伝が伝えるような「天国の秘密を悟ることを許されていないもの」達だけにイエスは「たとえ」を用いたのではなく、言葉を字義通りに用いただけでは語りにくいこと、語ることがむずかしいことついて、「たとえ」を頻繁に用いることによって、その真の姿を暗に表現しようとしたのではないだろうか、と。

選ばれた尊い霊とされるイエスの弟子たちですら、イエスから貰い教えのすべてを教わったのではないでしょう。「たとえ」で表された、様々な深い意味の込められた教訓を学んだのではないか。そう思うのです。

第2章

イザヤ書に惹かれて

預言者イザヤの言葉を記したとされるイザヤ書は、旧約聖書の中でも最大の預言書とも呼ばれる一編。紀元前八世紀に書かれ、その後三世紀にかけて編纂されたものといわれます。預言という性格からか、イザヤの言葉には抽象的で含みのある表現が多く、その難解さゆえ、私はいまだにイザヤ書を完全に理解したという方に会ったことはありませんが、イエスも好んでイザヤ書から引用をしながら語っているように、聖書の中でも極めて重要な言葉が収められた書と言えます。このイザヤ書の言葉に惹かれて私もさまざまに思索の翼を広げてきました。本章ではイザヤ書に登場する二つの言葉、一つは「ヤコブとイスラエル」、もう一つは「凝乳と蜂蜜」を巡る考察を、個人的な体験を交えてお話をしてみたいと思います。

1 ヤコブとイスラエル

◆なぜヤコブとイスラエルが併記されているのか

右のイザヤ書紹介文の中でも触れたように、イザヤの預言には全編を通して、抽象的で、暗喩的な表現も多く含まれているため、難解さがあります。ヨハネの黙示録にも同じことが言えますが、言葉として表現されていることが、具体的にはどんなことを指し示しているのか、手がかりしか残されていないと感じられる箇所も数多くあります。

逆に言えば、イエスが好んで引用したイザヤ書の本当の意味を、私たちはまだ充分に理解できてはいない、とも言えます。まだ開かれていない理解の扉をあける鍵は、聖書を読む私たちに委ねられているのかもしれません。

さて、イザヤ書の中で、とりわけ私の興味がそそられるのは、ヤコブとイスラエルに関する記述です。いくつか引用してみます。実に不思議な書き方がなされているのです。

イザヤ書
主は御言葉をヤコブに対して送り／それはイスラエルにふりかかった。09：07
その日には、イスラエルの残りの者とヤコブの家の逃れた者とは、再び自分たちを撃った敵に頼ることなく、イスラエルの聖なる方、主に真実をもって頼る。10：20
まことに、主はヤコブを憐れみ／再びイスラエルを選び／彼らの土地に置いてくださる。寄留の民は彼らに加わり／ヤコブの家に結び付く。14：01
時が来れば、ヤコブは根を下ろし／イスラエルは芽を出し、花を咲かせ／地上をその実りで満たす。27：06

ヤコブとイスラエルという二つの名前が、一つの文章の中に、交互に登場しているのがわかります。しかし、ヤコブとイスラエルの関係を知る人には、これはとても不思議な書き方だと感じられるのではないでしょうか。
と言うのも、旧約聖書の冒頭に置かれた一編である創世記では、偉大な族長であったヤコブが主の使いとの相撲に勝ったことから、神から「神と戦って勝った」という意味も含め持つ「イスラエル」という名前を与えられた、と記されているからです。

一人の男の名前が、神によって、「かかと」という意味を持つヤコブから、「神と戦って勝った」という意味を持つ「イスラエル」に変えられたはずなのに、なぜイザヤ書では二つの名前が併記されているのでしょうか？

実は、聖書には、神から名前を変えられた例が他にいくつか見られるのです。名前を変えられたのはヤコブだけではありません。たとえばサウロはパウロに、シモンはペトロ（岩）に名前を変えられました。しかし、改名後は、両者とも古い名前をほとんど使っていないのです。

ところが、イザヤ書には、なぜかヤコブとイスラエルの両方の名前が繰り返し登場します。なぜでしょうか？　文学的に高度な表現をするために、あるいは慣用的に、二つの名前を対比して用いたのでしょうか。それにしては頻度が高過ぎますし、イザヤ書の一つの節の中に、どちらの名前も登場しているケースが多いのは何とも不自然に感じられてならないのです……。

◆女性性を象徴するヤコブと男性性を象徴するイスラエル

この疑問にどう答えたらいいのか？　私なりに長年、悩みながら考え続けてきたのですが、現在はいくつかの仮説を立てて、それをイザヤ書理解のための補助線としています。

ここからは、私が立てたその仮説をお話することにしますが、私の仮説を大まかに要約するとこうなります。

《イザヤ書では意図的に、女性性を象徴するヤコブと、男性性を象徴するイスラエルの名前が使い分けられているのでないか?》

この仮説の元になったのは、ヤコブと双子の兄であるエサウのことを、私なりに東洋的な陰陽の視点から分析してみたことです。双子ではありましたが、二人は性格も容姿も大きく異なり、私には二人の間には、男性性=陽と、女性性=陰の違いがかなりはっきりと存在しているように見えたのです。

まず父母とどんな関係にあったのか。聖書は二人の違いをこう表現しています。
=ヤコブは、母親から愛され、彼は母親の言葉に従った。(女性性=陰)
=エサウは、父親から特別に愛され、父親の言葉を重視した。(男性性=陽)
母親の言葉に従順なヤコブと、父親の言葉を重視するエサウ。違いは際立っています。
次は体つきの違いを窺わせる記述です。

＝ヤコブは、まったく毛深くなかった。（女性性＝陰）
＝エサウは、生まれた時から非常に毛深かった。（男性性＝陽）
そして、性格の違い。戦いを好まないヤコブに対して、攻撃性をあらわにするのがエサウです。
＝ヤコブは、穏やかな性格で、エサウと戦うことをせずに、ひたすら逃げた。（女性性＝陰）
＝エサウは、ヤコブを殺そうと考えた。（男性性＝陽）
得意なこと、好きなことも対照的です。
＝ヤコブは、豆の煮物を作っていた。（女性性＝陰）
＝エサウは、狩りをし、肉料理が得意な人であった。（男性性＝陽）

このように、ヤコブには人生の早い時期から、典型的な女性性の傾向が随所に見受けられ、対してエサウには男性性の傾向が強く見られます。女性性と男性性の対比にも見えるこのヤコブとエサウの関係が、ヤコブとイスラエルの呼び名にも重ねられているのではないかと考えたところから、先の仮説が生まれたわけですが、しかし、イザヤ書におけるヤコブとイスラエルの併記に関連して、私にはとくに重要と思われることは、実はここからです。

若い頃は、女性性の傾向が強く見られるヤコブですが、大勢の人々の指導者となり、さらに、神の命令により「イスラエル」に改名してからは、徐々に、「戦う」という名前通りの男性性の傾向を持つようになるのです。
ヤコブ＝女性性＝陰の中に、イスラエル＝男性性＝陽の要素が芽生え、その男性性が強く発揮されるようになったというような、明らかな変化が窺えます。このことが、ヤコブ＝女性性＝陰と、イスラエル＝男性性＝陽という、二つの名前が使い分けられるようになったことと、何か関連があるのではないでしょうか。

◆名前に隠されたもう一つの意味

では、なぜ、イザヤ書の中で、ヤコブとイスラエルの二つの名前が頻繁に使い分けられているのか、使い分ける必要がなぜ出てきたのか、ということですが、もしかすると、この奥に隠された何か、たとえば、一般の人の目から隠したいものがあったのかもしれない……そんな推測を私はしています。

本来は同一人物である二つの名前を使い分けることによって、ヤコブとイスラエルの性格の違いを明確に表現し、そのことによって、さらにその奥に潜んでいる二つの異なる意味を、暗に表すことができるような表現方法を採用したのではないか——ということです。

その奥に潜んでいる二つの異なる意味とは何か？――真偽はもちろん推測するほかありませんが、この謎について、私は非常に大胆な仮説を実は立てています。

イスラエルとヤコブの名は、個人の名前ではなく、それは集団の名前だったのではないか。イスラエルの地に集った十二支族中の特定の集団を指すものであったのではないか――こういう仮説です。

ではイスラエルはどの支族を指し、ヤコブとはどの支族のことを言うのか、ということですが、次に引用する聖句から、私は、イザヤ書の中でイスラエルとされているのは、ユダの水に関係がある、つまり南のユダ王国から出た人々であろうと考えます。

イザヤ書48：01
ヤコブの家よ、これを聞け。
ユダの水に源を発し／イスラエルの名をもって呼ばれる者よ。
まこともなく、恵みの業をすることもないのに／主の名をもって誓い／イスラエルの神の名を唱える者よ。

「ヤコブの家」を集団とするなら、文脈から十二支族全体のことを指すと考えられますが、では、ヤコブが単独で使用される場合はどうか？というと――強い女性性を示唆するのがヤコブですから、ユダ王国に最後までとどまり戦ったイスラエルの民とは、違う支族だったろうと推測できます。次の一節にも、「イスラエルの残りの者」と「ヤコブの家の逃れた者」という言い方がはっきりと記されています。

イザヤ書
その日には、イスラエルの残りの者とヤコブの家の逃れた者とは、再び自分たちを撃った敵に頼ることなく、イスラエルの聖なる方、主に真実をもって頼る。10：20
それゆえ、わたしは聖所の司らを汚し／ヤコブを絶滅に、イスラエルを汚辱にまかせた。43：28

では、十二支族の中で、戦いを好まず、イスラエルから逃れ、絶滅したと思われた支族と言えば――そう、いまだにその行方が特定されていない「失われた十支族」と呼ばれる集団です。

つまり、ヤコブとは北イスラエル王国の十支族、とくに十支族の中で中心的な存在であったヨセフの子孫などを指していたのではないか、と私は思うのです。ちなみに、支族を率いていたヨセフ自身も心優しい性格だった人物で、父親のヤコブと同様に常に兄たちからねたまれるほど、強い女性性を持っていた人物であったと伝えられています。

◆ヤコブと呼ばれた支族の行方は……

さて、私の大胆な仮説はここで終わりではなく、もう少し、想像の翼を広げてみたいと思います。女性性のシンボルであるヤコブという名前をいただいた集団が、やがて失われた十支族と呼ばれることになったのだとしたら、そこにはもう一つ裏の意味があるのではないか、と思うのです。このヤコブ＝女性性＝北イスラエルの十支族と、イスラエル＝男性性＝南ユダ王国の人々、と呼ばれる二つのグループの人々が現在も世界のどこかに残っていなければ、イザヤの預言は成就しないのですから。

なぜ、十支族は失われなければならなかったか、なぜ足跡が消えてしまったのか？　そのことを私はこう推測します。ヤコブと呼ばれた十支族は、絶滅してしまったのではなく、「神の手によりどこかに隠された」ということではないか、と。神の手により隠されたのは、神が守るべき人々だったからだろう。だとすれば、ヤコブが隠されたのは、ユダ王国の地から遠く離れた土地に違いない、最大の候補地は日本ではないだろうか……そんな想像に胸を躍らせてしまうのです。聖書と日本や日本人との関係を巡る思索の旅については、第3章でくわしくお話したいと思います。

2
凝乳と蜂蜜

◆我が家にヤギがやってきた

今から三十年ほど前のことになるのですが、我が家でしばらくの間、ヤギを飼っていたことがあります。東京近郊の高台にある住宅地の一角ですから、もちろん、農家のような広々した土地があったわけではないのですが、幸いにして、住宅としては広めの一二〇坪ほどの土地があり、当時は周囲が畑や森などの緑に囲まれていたので、ヤギであれば近隣に迷惑を掛けずに飼えると判断したのです。

それにしても、住宅地でヤギを飼うなどということをなぜ思いついたのか？……と疑問に思われる方も多いかもしれませんが、これには訳があるのです。聖書のイザヤ書の中のある一節に、非常に気になる、私の心に強く響く箇所があり、その聖句に触発されてしまったのです。次に引用する一節がそれです。

それゆえ、わたしの主が御自ら／あなたたちにしるしを与えられる。見よ、おとめが身ごもって、男の子を産み／その名をインマヌエルと呼ぶ。07：14

災いを退け、幸いを選ぶことを知るようになるまで／彼は凝乳と蜂蜜を食べ物とする。07：15

------中略------

その日が来れば／人は子牛一頭、羊二匹の命を救いうるのみ。07：21

しかし、それらは乳を豊かに出すようになり／人は凝乳を食べることができる／この地に残った者は皆、凝乳と蜂蜜を食べる。07：22

イザヤ書の7章は、紀元前八世紀前半、ユダ王国とその周辺の国々の間に、実際にあった政治的な軋轢や軍事的な衝突など、史実を背景にして書かれていると言われていますが、前節でも触れたように、イザヤ書の言葉は預言の書であり、さまざまな含みを感じさせるものなので、私はむしろイザヤ書の時代より後の未来に起こること――この聖句が語る通り、「おとめが身ごもってうまれる男の子」であるイエス・キリストの誕生や、「その日」という言葉が暗示する再臨するキリストが統治する千年間（福千年とも呼びます）のことに重ね合わせてこの一節を読んでいたのです。

そのような気持ちでこの一節を読んでいたとき、中でも、引用の最後にある〈この地に残った者は皆、凝乳と蜂蜜を食べる〉という聖句に非常に驚き、強く惹きつけられてしまったのです。

イザヤ書と同じように、旧約聖書に収められているゼカリヤ書には、末の世では人類の人口が三分の一に減少してしまうことも預言されていますが、こうしたいくつかの預言をつなぎ合わせて推察してみると、人口が三分の一まで減少した末の世で、神が人類に求めているのは、大都会のあくせくした暮らしではなく、イザヤ書の11章に記されているような光景――牧歌的環境で牛や羊を飼い、平和でのびのびとした暮らしではないか、という解釈が浮かんできました。

そんなことを思い巡らせながら改めてイザヤ書に戻ると、「その日」（福千年の到来というのが私の理解です）が来れば、人類は、たっぷりと「凝乳と、蜂蜜」を食べるようになると預言されています。この預言の意味を自分で確かめてみたい――そんな思いも手伝って、ヤギを飼おうと思い立った、ということなのです。

◆散歩、乳搾り、凝乳づくり……メリーさんとの日々

ヤギを飼う敷地は何とかやり繰りするとしても、まずは肝心のヤギを手に入れなくてはなりません。方々をあたっているうちに、幸運なことに、数キロ離れた所でヤギを飼っている人につながり、子どもを産んだメスのヤギを一頭分けてもらうことができました。

私たちはお乳の出るヤギが欲しかったのですが、運良く、出産後の、子と離してもよい状態のメスのヤギを入手できたのです。

メリーさん――これが我が家にやってきたヤギに妻がつけた名前です。名前の通り、本当に可愛いヤギだったのですが、やや強情なところがあり、近くの林に散歩に行ったときなど、草を食べるのに夢中になると、家に帰ろうとしないことがたびたびあり、これには困りました。首輪のひもを引っ張っても、体重が重いのでビクともしないのです。体重は六〇キログラム程度はあったのではないでしょうか。散歩中に草を食べて動かないのですから、文字通りの〝道草〟です。

ところが、おもしろいもので、仕方がないのでしばらくそのままにしておこうと、私たちがメリーさんを置いて帰ってしまおうとすると、メリーさんは私たちがいないのに気づき、あわてて「メェー」と大声で鳴きながら走って追いかけてくるのです。私たちは笑いをこらえながら、メリーさんが追いかけてくるのを待っていたことを思い出します。

メリーさんの乳しぼりでは、笑い話がいくつもありました。

乳搾りは二人で試みた結果、妻の役割になったのですが――と言うのは、妻が乳を搾ると不思議とメリーさんは気持ちよさそうに大人しくしているのですが、私が搾ろうとすると、決まって暴れてしまうのです。私の手のサイズがメリーさんのお乳のサイズと合わず、搾るとお乳が逆流して気持ちが悪かったのかもしれません。

ある時、私が直接乳を飲んでみようとしたところ、嫌がったメリーさんに蹴飛ばされてしまったこともありますが、私のやることはメリーさんにとっては、無理やりなことが多かったのかもしれません。妻は、そんな私を見て笑い転げていましたが……。

メリーさんのお乳から、バターやチーズを作ったこともありました。ヤギの乳特有の癖がありましたが、私にはなかなか美味しく感じられた、聖書の言葉通りの〝凝乳〟でした。

◆メリーさんにふりかかってきた難病と神の啓示

そうして、楽しく仲良く暮らしながら、何度か出産にも立ち会い、ヤギの数も増えていったのですが、数年後に大きな問題が起きました。ある日突然、メリーさんが、まったく立ち上がれなくなってしまったのです。餌は普通に食べられるのですが、自分の力で立ち上がることができないのです。

獣医師に見せた結果は「腰砕け病」との診断。犬のフィラリアのような病気です。現代の獣医学で腰砕け病を治すことは不可能であり、「このまま弱って死を待つしか方法はない」とのことでした。

もうダメなのか……私も妻も、非常に悲しく信じられない気持ちで、獣医師の言葉を聞いていました。我が家の大切な家族であり、強情ではあったけれども甘えん坊のメリーさんが、こうして立てないまま、数か月後に死んでしまうのは、余りにも悲しく耐えられない……私はどうするのが良いのか、考えに考えを重ねていったのですが、「神様に不可能はない」という言葉がふっと胸の内にやってきて、ある行動に出ることにしたのです。

翌朝、地面に正座して頭を下げ、神様に真剣に祈りをささげたのです。

「神様に不可能はないことを私は知っています。どうかメリーさんを助ける方法を教えて下さい」――熱心に祈っていると、不思議なことに、心の中に一つのことが思い浮かんできました。

「タバコを与えなさい」と強く言われたような気がしたのです。そこで、タバコに意識を向けてみると、心が熱くなったように感じられます。「これはタバコがメリーさんのための最良の治療薬の可能性がある」と、確かな手応えも感じたのですが、実行に移すまでは、かなり迷いもありました。

米国の国立公園などでは、虫歯などが原因で凶暴になり、人を襲うようになった熊を殺すため、銃でニコチンを撃ち込むこともあると聞きます。だとすれば、ニコチンを多く含むタバコを与えることは、メリーさんの命にかかわることになるのではないか、とも思われたのです。しかし、同時に、血管内のフィラリアの病原虫を殺すには、やはりある程度、強い毒が必要なのだろうとも思い、翌朝もう一度、神様に祈ることにしたのです。

今度は「神様、私はタバコが劇薬であることを知っています。どれくらいの量ならばメリーさんに害を与えずに、フィラリアを殺すことができるのか教えて下さい」と問いかけたのです。その時に私の胸に響いてきたのは、こういう言葉でした。

——紙巻きたばこ一本分の刻みたばこの葉を、一日に一回だけ与えよ

◆タバコの葉がもたらした奇跡的な回復

この返事を受け、心が熱く燃えました。

すぐにタバコを買いに行き、毎日一回、紙巻きたばこ一本の紙をほどいて、メリーさんの餌の中に混ぜて与えることにしました。自力では立てなくなっていたメリーさんですが、食欲は普通にあったので、タバコの葉を普通の餌に混ぜて食べさせることはむずかしいことではありませんでした。

しかし、すぐにはメリーさんに思うような効果は現れません。さてどうなのか……そんな思案し始めた頃だったでしょうか、タバコを与え出してからちょうど二週間目のことでした。奇跡としか呼べないようなことが起きたのです。

なんと、メリーさんが「どっこいしょ」とばかりに、私と妻が見ている前で立ち上がったのです。

その瞬間、私と妻は狂喜して抱き合ったことをいまでもよく覚えています。

世界中の誰もが治せないはずの病気をまったくの素人の私たちが治した……私たちにとっては、まさに、奇跡が起きた瞬間でした。もちろん、本当に治してくださったのは神だということは、私も妻もよくわかっていました。

この奇跡的な物語には実は続きがあります。その翌年、今度は我が家のオスのヤギが、腰砕け病になってしまったのです。

しかし、私たちは少しだけ利口になっていたので、まったく慌てることなく、自分たちだけで治療をすることにしました。メリーさんにしたようにタバコを餌に混ぜて与え、きっかり二週間後に立ち上がらせることに成功したのです。

さらにその後、別のヤギも腰砕け病になってしまったのですが、妻は「私が治しておく」と言います。任せてみたところ、二週間くらい後の食事時に妻はしみじみとした口調でこう私に話しかけてきました。

「やっぱり二週間ちょうどで立ち上がるんだよねぇ」と。

その後、我が家に獣医師がやって来た時に、我が家で起こった奇跡を伝えたところ、彼は「それはぜひとも、学会で発表しなければならないことだ」と仰っておられましたが、かなり高齢でもいらしたので、学会での発表には至らず、この奇跡の物語は公になることはなく、結局そのままになってしまい、今に至ります。

実を申し上げますと、タバコを用いて治したヤギが全部で何頭なのか、私にはもう分からなくなっています。三頭までは確かですが、妻が報告してくれた数は、もっと多かったように思うのです。と言うのも、腰砕け病が我が家にとっては風邪をひいた程度の軽い病気になっていたということと、私が妻の話を真剣に聞いていなかったため、正確に記憶していないのです。

言い訳になってしまいますが、その頃の私は仕事が忙しく、悩みも抱えており、ヤギの治療や餌やりなどの世話に関しては妻に任せっきりでした。とはいえ、妻も働いていたので、随分忙しく辛い思いをさせてしまったと、今では心からの反省と感謝をしています。

ヤギの寿命は通常十年ほどと言われていますが、メリーさんは、その後十二歳くらいまで生きました。

都内で育った妻は、もともと動物好きではありませんでしたが、ヤギを飼いだしてからは犬や猫も飼いはじめ、動物と一緒に生きるのがすっかり板についてきました。動物たちはみんな私たちによくなついており、私たちが帰宅した足音を聞いただけで、メェーメェー、ワンワン、ニャーニャーと一斉に賑やかに甘えた声で鳴き始めるのです。忙しい中でも、彼らと一緒に楽しい時間を過ごせたのは、何よりも幸せなことでした。

メリーさんと暮らしていた頃は緑に囲まれたのどかな風景だった我が家の周辺も、今では森や畑が消え、新しい道路が通って住宅が立ち並ぶ景色に変わりましたので、再びヤギを飼うことはできないと思いますが、人生の中で最も天国的な生活を味わったと言える、意義深く素晴らしい経験だったと、あの頃を振り返ってよく思います。

今でも、このヤギに関する治療法は有効だと思っています。おそらく、ヤギよりも体重の軽い羊などの反芻する草食動物も、量を加減すれば同じような治療をすることが可能ではないでしょうか。しかし、反芻しない動物、たとえば犬などは、ヤギとは消化器官の構造や機能が異なるため、絶対に試みてはいけない治療法でしょう。むしろ危険なことであるかもしれません。

ですから、ヤギや羊以外の動物に行う場合は、祈りを通じて、神に直接問い、教えを受けてから治療した方が良いと私は考えます。

将来、どなたかがタバコの薬効の研究をし、ヤギ以外の動物などにも与えることができるようになることを私は期待しています。

◆聖書が語る本物の「凝乳」とは何か

ここからは、ヤギのメリーさんを飼うきっかけを与えてくれた、イザヤ書の預言にあった「凝乳と蜂蜜」そのものに焦点をあててみたいと思います。「凝乳と蜂蜜」という食べ物を通して、聖書の言葉の意味や聖書の世界を、垣間見ることができるのではないか、とも考えるからです。

まず、聖書に書かれた凝乳とは何か、ということですが、牛乳から作られたもので、現在でも入手可能な食べ物を考えてみると、チーズ、バター、ヨーグルトなどが候補として挙げられます。

この中のどれが凝乳に相当しているのか？　様々な要素を考慮した結果、私はバターではないかと思っています。チーズやヨーグルトを人々が食べるようになったのは、イザヤの時代よりもだいぶ後のようですが、バターはアフリカや中近東でははるか昔から食されており、現在でも製法が変わっていないと聞いています。より古くから食されていた凝乳がバターなのです。

災いを退け、幸いを選ぶことを知るようになるまで／彼（インマヌエル）は凝乳と蜂蜜を食べ物とする。07：15

これは先にも引用したイザヤ書の中の聖句ですが、この聖句について、本当は「災いを退け、幸福になる知恵を得るために、イエスはバターと蜂蜜を食べる必要がある」という意味ではないかと私は解釈をしています。

その根拠の一つは、脳の組成成分を考えた場合、最も多いのが水分であり、次に多いのが脂肪分だからです。脳が最高に良い状態で働くためには、良質の水分と共に「良質の脂肪」が必要だということを彼らは経験的に知っていたのではないでしょうか。

◆バターの陰性度、陽性度を調べてみると……

ただ、大変残念なことですが、現在、店頭で販売されているバターのほとんどには、イザヤ書の時代に凝乳と呼ばれたバターと同じような働きはない可能性が高いのです。

ダウジングやO-リング法を用いて市販バターの陰性度、陽性度を計るテストをしてみたことがあるのですが、かなり高価なバターでも「陰性」という結果が出ました。「陰性」の食品は血流を悪くしますから、脳の血流はよくなるとは考えられません。むしろ、知恵が加わる働きとはまったく逆の作用をもたらすでしょう。

バターはすべてそうなのかというと、そんなことはありません。メリーさんの乳から作ったバターをダウジングしたことがあるのですが、結果は、非常に強い「陽性」の反応が出たのです。まるで、この事実を知るために、ヤギを飼ってみる必要があったと思ったほど、市販されているバターとは大きな差があったのです。

陰性陽性のテストをさまざま試みた後、さらに調べてみると、市販のバターの中でも、発酵バターであれば、陽性であることはわかってきました。しかし、それでも、自家製のヤギのバターの陽性の強さにはまったく敵わなかったのですが……。

これらのことをふまえると、良質の手作りの発酵バターこそが、イザヤ書に記された（イエスも召し上がったと私は考えています）凝乳に最も近いと言えるのではないでしょうか。もしかすると、インド料理のギーも陽性の力を持っているかもしれませんが、聖書に書かれた凝乳とは少し異なっているように思います。古代に食べられていたという、乳製品の「醍醐」に関しては、私は見たことも食べたこともないので、判断することはできません。

ちなみに、市販のチーズもヨーグルトも、残念ながら私のダウジングやO-リングで試してみた結果からは、ほぼ「陰性」でした。とくに砂糖で甘く味付けされたものは、「陰性」が強いようです。

◆イザヤやイエスの時代、蜂蜜は「巣ごと」食べていた

次は「蜂蜜」に関しての考察です。

マクロビオティックの提唱者として知られる桜沢如一氏の本の中では「陰性」の食べ物の中に蜂蜜がリストアップされています。彼は、すべてのハチミツについて食べない方が良い「超陰性」の食品と考えていたようです。私が調べてみた結果もほぼそのとおり、市販されている蜂蜜のほ

とんどは「陰性」で、「陽性の蜂蜜」を見つけるのは、なかなか難しいことでした。

ところが、ある時、アラビア半島の秘境を旅するテレビ番組の中で、現地の人が巣に入ったままの蜂蜜を巣ごと食べている光景に遭遇し、大変驚きながらも調べてみると、イザヤやイエスの時代、中近東では巣ごと蜂蜜を食べるのが一般的だったらしい、ということがわかってきました。

さっそく、巣ごと食べる高価な蜂蜜を手に入れて調べてみると、見事に「強い陽性」反応が出ました。これならば、きっと血流を良くし、脳にとっても良い働きをするに違いない、そして、これがイザヤの預言している蜂蜜ではないか、という結論に至ったのです。

余談になりますが、ニュージーランド産かハンガリー産の「Comb Honey」（巣に入った蜂蜜）は、輸入品を多く扱っている大きなスーパーやネットでの取り扱いがあります。巣ごと食べてみると、一般的な蜂蜜よりも数段素晴らしい味が楽しめます。パンに塗ったときなど、これこそが本当の蜂蜜の味であると改めて感じられるぐらいに、通常の蜂蜜とは味が大きく違います。多くの方々は本当の蜂蜜の味を知らないのではないかと思えるほどです。

最初は、ハチの巣を一緒に食べることに抵抗を感じるかもしれませんが、パンに載せて一緒に食べる場合には、殆どまったく巣の存在が気にならないと思います。それよりも、多くの方々は、生まれて初めて味わう本物の蜂蜜の味に、きっと驚きを感じることでしょう。

時季により、時折、国産の「Comb Honey」が販売されているのも目にしますが、これは、更に非常に高価な蜂蜜です。もちろん味は美味しいですが、少しあっさり目であったのを記憶しています。日本よりも乾燥した気候のニュージーランド産やハンガリー産の方が、甘みが濃縮されているようです。

◆聖書の中で三度も繰り返された戒めが意味すること

ところで、皆様はユダヤ人が自宅に台所を二つ持っているという話を聞いたことがあるでしょうか。なぜ台所を二つ持つのでしょうか？　その根拠となる聖句がこちらです。

出エジプト記23：19、34：26、申命記14：21参照
子山羊を、その母の乳で煮てはならない

ユダヤ人は聖書で禁じられている、豚などの肉を一切食べません。ヤギや羊、牛は聖書で食べることを許可されていますが、調理するとき、この聖句に従って、乳製品とは別々に調理するため、台所を二つ持つ必要があるのです。

これは、聖書の中で三度も繰り返された戒めであるために、厳重に守る必要があると考えられているのです。

さてこの戒めが意味することは何でしょうか。

頭脳を明晰に保つという目的に適う戒めではないのか、というのが私の推察です。みなさんもよくご存知のように、ユダヤ人は人口比では最も多くノーベル賞を獲得しているという事実があります。そのことと、「子山羊を、その母の乳で煮てはならない」という戒めがどういう関係にあるのか、検証は難しいことですが、神様が三度も命じられたからには、深い意味があるはず、と私は素直に受け取っています。

そういう理解から、私は三十年以上も前から、肉や魚を食べないマクロビオティック的な菜食主義の生活を続けているのですが、玄米を中心にしていることもあってか、健康には自分でも驚くほど恵まれています。ただ、本来のマクロビオティックでは、乳製品と蜂蜜は口にしないのですが、私の場合は、聖書の言葉としてもあり、動物を殺して得る食べ物でもないことから、インマヌエル、即ちイエスと同じものを食べれば、彼らの知恵の一部を得られるのではないだろうかという思いもこめて、巣入り蜂蜜も発酵バターも時々は食べるようにしています。

◆他のいのちを奪うことのない共生の世界へ向かいたい

ところで、私が日常的に食べている「菜食主義＋蜂蜜＋バター」という食事は、イザヤ書の11章で預言された、至福の千年間に食べる食事にかなり近いと考えられます。

なぜならば、福千年が始まると、私たちの誰もが動物を殺さないように、肉も魚も食べない生活が始まる可能性があるからです。ですから、聖書の教えに従えば、私は時代の最先端の食事をしているとも言えるわけです。

先にお話したように、私と妻は幸運なことに、メリーさんとの天国的な生活を楽しむことができたのですが、どんな動物も殺して食べられる心配のない世界こそが、福千年を迎えたときの人間の生き方なのではないかと思います。

メリーさんが死んだ時に、その肉を食べたいなどという気持ちはまったく起こりませんでした。私たちの胸の内にあったのは、十年以上も私たちの家族の一員として暮らしてくれたメリーさんへの感謝と、そのような時を与えてくれた神への感謝です。その二つの感謝の気持ちを込めてメリーさんを葬い、天国へと送り出しました。

一方で、こんな質問をされる方があるかもしれません。「それでは、他人が育てた動物の肉であれば、あるいは、野生の動物の肉であれば食べても良いの？」と。これは、なかなか難しい問題ですが、多くの預言者たちが預言しているように、キリスト教でいえば福千年、神道で言うなら岩戸開きや高天原の始まりに目を向けるなら、自分が進むべき方向性や、全ての生き物との「共生の時代」へと、進むべき道におのずと定まるような気がします。

ところで。私は今も亡き妻と、心の中で時々話すようにしています。亡き妻は、メリーさんや他の飼っていた家族（動物）とも会っている、と私の心の中に伝えてくれました。私も、死後は、妻とともに、メリーさんやたくさんの動物たちに囲まれて、平和に、そしてにぎやかに暮らせることを大いに楽しみにしているのです。

第２章
イザヤ書に惹かれて

第3章

聖書と日本と日本人

メソポタミアと呼ばれる中東の一地域で生まれ、ある時期までは主にユダヤ民族の聖典の地位にあった聖書も、現在のように、国境をこえ、民族や文化の違いをこえて読まれるようになると、その読まれ方にも多様な広がりが生まれてきます。私たち日本人にとっても、〝世界文明の揺りかご〟と呼ばれる土地で興ったさまざまな伝承を収める聖書は、古代日本と彼の地、彼の人々とのつながりを想像をさせてくれる、刺激的で興味の尽きない書といえます。当時日本列島を取り巻く世界と、聖書が語る世界とはどんな関係にあったのか？　本章では、聖書と私たちをつなぐ補助線を、私流に、創造的に、引いてみたいと思います。

1 失われた十支族の謎

◆聖書を信じ、白川神道を学ぶ身として想うこと

はじめに申し上げたように、私は聖書を信じる人間ですが、教会などの宗教組織とは無縁です。縛りのない自由な立場で聖書を読み、自分の興味に素直に従いながら、ときには、他の宗教の学びの場にも参加します。

たとえば、目下、学んでいるのは、聖書とは直接は関係のない白川神道（伯家神道ともいいます）です。天皇家本来の祭祀儀礼の有り様を千年以上もの間、守り伝え続けてきたと聞く白川神道自体は文字どおり神道の一宗派と言えると思いますが、私が学びの場としている甲府にある白川学館は、宗教法人ではなく、一般社団法人という組織形態をとっています。

天皇家の祭祀・儀式を今に受け継ぐ「平和を愛する祈りの集団」でありながら、門人である私

から見ても、宗教的なものを感じさせないというのは希有なことだと思います。純粋に、言霊や祓い、鎮魂、祈りを重視した組織集団ですから、私のような聖書を信じる立場から白川神道への興味を抱いた人間にも門戸を開いてくれているのでしょう。

本書の内容の多くは、白川学館の代表者である七沢賢治氏から正式な承認を得た上で、門人向けの会報誌に書かれた記事が基になっているのですが、神道の会報誌に、これほど聖書やキリスト教、ユダヤ教の話がたっぷりと登場するというのは他には見当たらないのではないでしょうか。

七沢代表は若き日に聖書を熱心に研究され、聖書は「世界共通のコミュニケーション・ツール」と認識しているとも聞いていますから、聖書から神道の学びへ、興味を派生させた私でも、白川神道を学ぶにつれてやがて、ユダヤ教やキリストの教えと神道の教えとが符合していることを見出すはず、とお見通しだったのかもしれません。実際、白川神道は元々はユダヤ教やキリスト教と通ずる（あるいは元をひとつにする）教えだったのではないか、と強く感じさせられることが少なくないのです。

日ユ同祖論（日本人とユダヤ人の祖先は一つのルーツに収斂されるのではないか、と考える説の総称）というものが明治時代からさまざまに語られてきたことは、みなさんもご存知だと思いますが、確かに、神道を研究すると、日本について研究しているユダヤ人の方々の主張と、同じような印象を持つ場合が多いようです。実際に、ユダヤ人研究者も日本人の研究者も、日ユ同祖論を肯定する本を多数出版していますが、不思議な縁によって、たまたま聖書と神道の両方を学んでいる私の中でも、日ユ同祖論は避けて通れない重要な研究テーマになっています。

もちろん、古代、日本列島にやってきた渡来人たちは、民族もルートもさまざまであったでしょう。私が日本へ来たのではないかと、ほぼ確信をしている北イスラエル王国の一支族ばかりではなく、民族名が定かでない大陸からの渡来人も、技術集団として日本に多数やって来ているはずです。

このように古代において、多くの民族の融合があったことは確かでしょうから、その意味では「日本は多民族国家」である、と考えるのが自然ではないかと私は思います。私の日ユ同祖論は、そのことを前提にした推論ですが、日ユ同祖論という見立てを窓として見えてくる、古代のユダヤ文化と日本文化の交流と思われる痕跡や類似性は、非常に興味深いものです。聖書だけからは推し量ることはできないことですが、時代をはるかにさかのぼって、縄文人とユダヤ系の人々との交流にまで想像の光を届かせてみたい。そんなことも願いながら、本章を書き進めていきたいと思います。

◆預言が指し示す「失われた十支族」の行方

前章でも触れたことですが、一般的な世界史の教科書では、アッシリア帝国が滅びてから、解放された北イスラエル王国の十支族の民のほとんどが行方不明になった、という記述で終わっており、十支族の行方は、「世界史上最大の謎」とされています。

さて、十支族は絶えてしまったのか、それとも、別の地で生き延びたのか？

この問いに対する答えは、もしみなさんが聖書を信じる立場に立つなら、明快ともいえます。イザヤの預言を重要であると考え、聖書のその他の預言の書も信じるなら、聖書にある言葉を素直に受け取ればいいのです。

イザヤ書54：7、エレミヤ書30：3、ヨハネの黙示録7章などを参照すれば、「イスラエルの全十二支族が、現在も地上に実在し、やがて主の定めた時には、再度イスラエルに集合する」というメッセージがそこに示されていることがわかります。マタイによる福音書10：6にも「イエスの福音を十支族に伝えなさい」という意味に受け取れる聖句があります。

こうして随所に現れる聖書の預言に従うなら、失われた十支族は、戦乱の北イスラエル王国からどこかの地に逃れて（私は神が意図して「隠された」のだろうと考えますが）生き延び、再びイスラエルに戻ってくることを夢にみながらその末裔たちは、今も地上のどこかに住んでいるはずです。

実際、現在ユダヤ人と呼ばれている、南ユダ王国に属しているユダ族とベニヤミン族及びレビ族は、すでに一部がイスラエルに戻ってきています。問題は北イスラエル王国の十支族の行方ですが、私はこう考えるのです。聖書の中に、その十支族の行き先が書かれているのではないか……たとえば、こういう預言の中にです。

イザヤ書24：15
それゆえ、あなたたちは東の地でも主を尊び／海の島々でも、イスラエルの神、主の御名を尊べ。

「東の地」と「海の島々」。預言の中にあるこの二つの言葉は、長い間海のない土地に住んでいた可能性がある十支族の人たちにどう響いたでしょうか。

十二支族で構成されていた統一イスラエル王国が分裂し、北イスラエル王国と呼ばれた国をつくったのがこの十支族ですが、彼らが強国アッシリアの侵攻を受けて、ついには離散せざるを得なくなったとき、西にある母国イスラエルへ向かわず、歴史から足跡を消してしまったのは何か意図があったからではないか。この預言にある「東の地」と「海の島々」に希望を見出していたからではないか？　そんなふうに私は想像するのです。

東の地、海の島々に、安全に主の御名を崇め祈るための場所が用意されている――十支族の末裔たちが、アッシリア帝国での奴隷の苦しみの中で神を思い起こし、神の手によって、はるか東の島々に、平和で祈りに専念できる土地が用意されていることを信じて、東に進路を向けたとしても、私にはまったく不思議に思われないのです。

◆「東の地」「海の島々」とはどこなのか

当時の北イスラエル王国や、南ユダ王国の人々に、東の島国である日本のことがどの程度伝わっていたのか、あるいは、まったく知られてはいなかったのか、そのことを窺い知ることができる資料は私の手元にはないのですが、少なくとも中国では秦という統一王朝が成立していた時代には、東西の人や物の交流はすでに、かなり活発に行われていたであろうという推察はできます。

みなさんも、世界地図を広げてみてください。現在のイスラエルの首都エルサレムから同じ緯度上を東へ進んでいったとしたら、どこへたどりつくか？　長い陸路の旅はやがて海沿いの街、いまの上海のあたりにつながります。目の前には東シナ海が開け、その海の中に浮かぶ島々といえば、もちろん日本列島です。エルサレムの緯度は北緯三十一度、日本なら九州の南部にあたります。イスラエルより東に位置する海の中の島々というだけなら、東南アジアの島々も含まれますが、東南アジア諸島とイスラエルは、東へというより、南へ下る感覚でたどりつく位置関係にあるのではないでしょうか。

こうした聖書のいくつかの預言が指し示すことを前提に、さらに当時のシナイ半島や、他の国々の情勢などを加味して考えてみると、「東の地、海の島々とはどこなのか」という問いに対する答えは、必然的に導き出されることだろうと私には思われます。

失われた十支族の本隊も、十二使徒の多くを含む原始キリスト教徒たちも、イザヤ書の預言が成就されるために「東の海の島々」、つまり日本にたどりつき、神の手に守られながら、その末裔は現在まで生き続けているのではないか――。

◆渡来人徐福と十支族は出会っていた？

もちろん、故国を離れる旅に出た十支族すべてが日本に来たわけではなく、北イスラエルの首都であったサマリア周辺に残った人々、東へ向かう旅の途中の村や町に居場所を見つけその地に溶け込んだ人々もいたことでしょう。

では、その中で日本までたどり着いた支族には、どんな人たちがいたのだろう？　そんな想像を巡らせてみたとき、まず思い浮かぶのは、中国大陸から船で渡ってきた渡来人の姿ではないでしょうか。

記録が残っている人物の中で私が注目しているのは、中国の正史『三国志・呉主伝第二』『史記・列伝』の中にも登場する徐福です。徐福が十支族の血族であったかどうかは別にして、東へ向かった十支族とつながる可能性の極めて高い人物ではないかと思うのです。

徐福は、紀元前二〇〇年頃の人物で、中国初の統一王国である秦の始皇帝に仕え、始皇帝が最も信頼を寄せていた家臣といわれていますが、始皇帝の命を受けて何度か秦と日本を行き来した後、日本に定住したと伝えられています。

『三国志・呉主伝第二』『史記・列伝』に、始皇帝がいかに徐福を重用していたかを示す逸話が載っています。徐福が不老不死の薬草を探すために、日本に派遣されたことはみなさんもご存知の通りですが、徐福は最初の薬草探しでは失敗してしまい、いったん秦に戻ることになるのです。暴君と恐れられたとも伝えられる始皇帝のことですから、徐福でなければ、首をはねたかもしれません。しかし、事実は逆で、始皇帝は徐福の首をはねるどころか、さらなる援助を与えたと言います。

徐福は、二度にわたって、多くの男女の若者たちを日本に連れて来たと伝えられていますが、記録の通りであれば、若者たちの数は合計で数千人にものぼります。時代を八〇〇年ほど下った遣唐使の船が、一艘あたり百数十人を乗せていたという記録と比べてみると、この渡航がいかに大がかりだったかがわかります。始皇帝から厚い援助を受けての渡航だったと考えるに難くありません。

しかし、この故事をみなさんはどうお考えになるでしょうか。私には、徐福が不老不死の薬草のために日本へ渡ってきたということ、その狙いがどうにも腑に落ちない、極めて不自然なことに感じられてならないのです。

なぜなら、始皇帝と徐福は、当時、日本に縄文人が住んでいたことを知っていたはずだからです。なぜ、そんな土地に少年少女を送りこんだのでしょうか。

もしも、本当に不老不死の薬草を中国に持ち帰るのが目的であったとすれば、縄文人との間でトラブルになった際の即戦力として、頑強な軍人を隊員の中心に据えたはずではないでしょうか。ふつうならそうするだろうと思うのです。しかし、徐福はまったく戦力にならないような、大勢の少年少女ばかりを日本に連れて来たという……これはどうしてでしょうか?

◆薬探しという名の国造りを目指し

私の推察の結論を申し上げると、日本で不老不死の薬草を探すというのは、渡航の表向きの理由であり、本当の目的は別にあったのだろうということです。

日本にやってきたのは、不老不死の薬草を持って中国に帰るためではなく、むしろ逆のことで、つまり、日本に定住するためではなかったのか、と私は思うのです。定住し、子孫を増やすために若者たちが選ばれた、というならその目的によく合致しています。

では、日本に定住して子孫を増やして、何をしようと徐福や始皇帝は考えていたのか？――と推察を進めてくると、ここで私の脳裏に浮上してくるのが、失われた十支族と徐福たちとのつながりです。東への旅を経てたどり着いた秦王朝の下で、いったん落ち着き場所を得た十支族が少なからずいたはず、と私は推察します。

十支族が秦の始皇帝や、徐福と会えたのかどうか、記録では確かめられませんが、そのことを考える前に、秦の始皇帝は、記録された風貌からも漢民族ではなかった、という説が根強く存在します。更に、ユダヤ人の研究者たちは、当時のシルクロードの貿易で商っていた人々は、主にユダヤ人であったと主張しています。紀元前の時代から、中国には、予想以上に漢民族以外の人々が住んでいたので、秦の始皇帝や徐福が、北イスラエルの十支族であったとしても、不思議は無いのです。私の仮説が正しければ、秦の始皇帝や徐福と十支族は同民族として、簡単に会えた可能性が高いのです。

十支族と徐福が秦王朝の下で会う機会があったのでは？　と仮定すれば、その後に起こる出来事は、するすると読み解けるような気がします。

イザヤ書にある「神を褒め称えるため、新たに安全な東の海の島々の土地を得て、その地で信仰を深めるべきである」という預言のことを聞き、その預言に誘われて、過酷な状況を切り抜け、はるか東の中国までやってきた彼らを目のあたりにして、徐福が感じたこと――おそらく神の言葉、みわざの確かさに深く感慨を抱いたのでは、と推察します――、それがその後の日本への大がかりな渡航計画に、つながっているように思うのです。

始皇帝の承諾を得て、緻密な計画を練り、彼ら十支族たちが求める理想的な新しい祈りの国を造らせるために、若者たちを船に乗せる。狙いがそこにあったのなら、若者たちもきっとイスラエルの血統を継ぐ者たちが選ばれたのではないでしょうか。

徐福は、少年少女の他にも、成人の技術集団をいくつか引き連れて来たようです。このことも、徐福が日本に移住し、定着するための計画を最初から持っていた、という推察を強く裏付ける事実だと私は考えます。

◆徐福の伝承が意味すること

数千人にものぼる徐福ら秦王朝からの渡航者たちは、さて、その後の日本にどんな足跡を残したのか？　生涯の軌跡を追えるようなくわしい資料が残っていないのが残念ですが、日本各地に徐福についての伝承は、さまざまな形でいまも伝えられています。

その中でも、物部系の神社と徐福伝承とのつながりは、私がもっとも興味をそそられる事実のひとつです。記紀神話にも登場する物部氏は、みなさんもご承知のように、日本の国の草創期に重要な役割を果たしていたと言われる一族ですが、いまだに謎が多いことでも知られ、私は、徐福のような渡来人との深い関わりもあったのではと推察しているのです。

物部系の神社は、出雲大社や京都の籠《この》神社が有名ですが、実際には日本各地に存在していて、日本各地の徐福が上陸したとされる場所に、物部系の神社が数多くあるのです。これは、徐福がリスクを分散させるため、日本各地に若者たちを上陸させたことの表れではないかと、私は考えています。

徐福に関連した遺跡のほとんどに、神社や祈りの場所が付随していることも、私の関心を惹きます。ただこのことは、徐福は、十支族の願いと聖書の預言を受けて日本にやってきたのではないか、という私の仮説を前提にすると、イザヤ書の預言を成就させるため、子どもたちに神の福音を教え、神殿を作り、純粋に祈ることができる環境を整えたとも考えられます。

仮説の真偽はさておくとしても、当時の数多い渡来人の中で、全国各地に伝承が残るほど、徐福がとりわけ印象深く記憶されたことは事実です。その理由は何だったのか？　その疑問を読み解くときの鍵として、徐福が渡来した真の目的と十支族の関わりを仮説としておいてみると、さらにその仮説に彩りを与える事実がさまざまにつながってきます。

これは一考に値することではないかと私は考えるのですが、みなさんはいかがでしょうか。

＊

さて、その言葉通りの狙いであったかどうかはさておき、「不老不死の薬を求めて日本への渡航を企てた」という始皇帝と徐福の願いは、はたして叶ったのでしょうか？

瞬く間に中国初の統一王朝秦を打ち立てた始皇帝でしたが、崩壊も早く、わずか十六年で王朝は幕を閉じたと伝えられます。その意味では、不老不死の妙薬は手に入らないままになってしまったともいえますが、別の見方をすれば、徐福も始皇帝も、神の助けを得て、結果的に「本物の不老不死の薬」を手に入れた、と考えることができるのかもしれません。

なぜなら、もしも、徐福が中国に留まっていたならば、秦の国が滅びた際に殺され、子孫を残すことはできなかったでしょう。しかし、徐福が若者たちを引き連れて日本に渡航し、彼らとともに日本を終の住処としたことで、おそらく始皇帝の一部の子孫たちは、日本の地で子孫を増やすことができたはずです。その血が現在にまでつながって伝えられているとしても、不思議ではありません。

子孫を残すという形で、始皇帝も徐福も、滅びることのない永遠の命を手に入れたと言えるのではないでしょうか。それは、徐福に願いを託したのであろう、と私が推察する十支族についても同じです。

近年、私の尊敬する落合莞爾氏は、著書の中で、物部氏は北イスラエル王国から逃げ延びてきた人々ではないかと述べていますが、私も氏の深い洞察に啓発を受けているひとりです。もちろん、全ての日本人がイスラエル人を父系に持つわけではありませんが、日本人の三割以上がイスラエル人と同様の遺伝子を持つとも言われています。このことから推察すれば、千年以上も日本に住んでいる家系の子孫の多くは、イスラエルの民と何らかの血縁関係にあると言っても良いのかもしれない、そんなふうにも考えています。

◆十支族の末裔探しの意味

なぜ私が、イスラエルの失われた十支族が今も存在している可能性があるという説に、強く惹かれるのか？――といえば、もし失われた十支族が、既に滅びてしまっていたら、聖書のさまざまな預言が成就しなくなるからなのです。

さらに、アブラハムが神から受けた大きな祝福まで、失われてしまうからでもあるのです。その結果、聖書の預言の非常に重要なところが実現しなくなります。そして、聖書の記述は、神が約束した事柄を実行できず、聖書は神の命令で書かれた真理ではなくなる可能性もあるかもしれないのです。

創世記
主はアブラムに言われた。「あなたは生まれ故郷／父の家を離れて／わたしが示す地に行きなさい。12：01
わたしはあなたを大いなる国民にし／あなたを祝福し、あなたの名を高める／祝福の源となるように。12：02
あなたを祝福する人をわたしは祝福し／あなたを呪う者をわたしは呪う。地上の氏族はすべて／あなたによって祝福に入る。」12：03

全ての人種が、神の恵みを受けられるとしたら、それは、「アブラハムの子孫を通じて」神の恵みを受けられるのです。それこそが、聖書の重要な預言なのです。

世界の歴史を振り返ってみて、本当にそうなのか、最初に、そのように思える例を挙げてみます。キリスト教の伝道者である高原剛一郎氏の主張の一部を拝借します。

◆たとえば、十三世紀に、スペイン帝国が栄えたのは、スペイン王が、金融システムを持ったユダヤ人を手厚く保護していた時代であったと言われることがあります。やがて、国からユダヤ人を追い出した時にスペインの比類ない繁栄が終わったのです。

◆スペインの次に大きく栄えたのが、スペインから逃れて来たユダヤ人を受け入れたポルトガルだったのです。種子島に渡来した鉄砲は、ポルトガルから伝わったのです。不思議なことに、数世代後に、ユダヤ人を追い出してからは、急激に国勢が衰えました。

◆その次に栄えたのが、ポルトガルにいたユダヤ人の逃れ先となった、オランダでした。巧妙に日本を含む海外の国々と取引を行い、長崎の出島に見られるように、貿易により大もうけをしていました。しかし、後にこの国もユダヤ人を追い出してしまい、何故か急激に財力を失いました。

◆さらに、オランダから逃れたユダヤ人を受け入れたのは、英国でした。その結果大英帝国が誕生し、繁栄したのです。英国には、ユダヤ人の首相が就任していた時代があったのです。その時代には、英国の領土を世界中に広げることができたのです。

この他にも、エジプトが最も栄えていた時代の一つは、イスラエルの十二支族がエジプトに滞在していた時期だったと思われるのですが、しかし、やがて、イスラエルの民は、エジプト王の世代が替わると、エジプト王国で迫害に遭うようになり、逃げ出します。その結果エジプトは、徐々に力を失い、やがてアッシリアやペルシャなどの支配をうけるようになったという史実がありま す。

例外は、多々あり、見方にもよりますが、確かに、上に述べた歴史的な出来事を注意深く眺めると、創世記の12章で神からアブラハムに与えられた祝福が、実際に成就している証拠であるのかもしれません。

聖書の記述が正しいとするのであれば、イスラエルの十二支族は、他の民族に祝福を与える大きな役割を神から授かった存在であるはずなのです。

◆遺伝子タイプは語る

近年の調査や科学的な研究によって、イスラエル十二支族の遺伝子は、ハプロタイプ（男性だけが持つY染色体の遺伝子）＝ハプログループのDまたはEであるとする説が広まっています。

このニつのハプログループ型だけが持つ特有のYAP遺伝子の存在が、遂に失われた十支族の行方を探し出したようです。D型もE型も、世界の人口比では、非常に数が少ない存在なのです。E型はユダヤ人の中に多く見られ、D型が最も多く出現している人種が日本人です。調査の結果、日本人男性の30％から40％がD型を持っているとされています。日本人以外では、チベット人や、アンダマン島の住人とか、他にはアジアの少数民族がD型を持っていることが分かっています。

この調査結果を非常に喜んだのは、絶対多数のDタイプを持つ、いわば当事者である私たち日本人ではありません。最も喜んだのはユダヤ人の研究者たちでした。ユダヤ人たちは、聖書の預言を信じていますから、長い間、自分たちの兄弟であるイスラエルの失われた十支族を探していたのです。イスラエルの政府機関に、アミシャーブという失われた十支族を探すためだけの専門的な組織が存在しているほどに、真剣な家族探しを長年続けているのです。

さて、遺伝子タイプと聖書の関係に戻りますが、もう、結論はみなさんにはおわかりのことと思います。

ハプロタイプＤとハプロタイプＥの遺伝子を多く持つ民族、つまりユダヤ人と日本人は、アブラハムの子孫の可能性が極めて高いと思われます。それはつまり、聖書の預言を信じるならば、両者は手を取り合って、アブラハムの祝福を実現しなければならない、ということになります。なぜなら、現在の地球から火で焼かれて誕生する新しい地球である、福千年は、アブラハムの子孫がリーダーシップを取ることによって実現するからなのです。ヨハネの黙示録７章の中では、十四万四千人のイスラエルの全部族の集合の様子が描かれています。

◆日本人へ託された「預言」

この遺伝子タイプの分析が示唆する聖書と日本人の関係には私も大いに触発されました。ここからの話は、私の想像がたっぷり入った物語です。

王国として現れるであろうと私が推測する福千年（根拠はいろいろありますがここでは割愛します）では、最高位の統治者は、もちろんイエス・キリストになりますが、実際に地上で統治なさるのは、同じダビデの家の子孫でもある可能性が高い、そして、世界最古の王家でもある、日本の天皇家になるのかもしれない……そんなことも思い浮かびます。

天皇家は、天孫族であると言われますが、天孫族という名前も、キリストを神の子であると認めている呼び名であるのかもしれません。

ヨハネによる福音書

言は肉となって、わたしたちの間に宿られた。わたしたちはその栄光を見た。それは父の独り子としての栄光であって、恵みと真理とに満ちていた。01：14

この聖句に記されているように、イエスは天＝神の独り子ですから、イエスにもし子どもがいたとしたら、その子どもは天父にとっては孫、つまり天の孫（＝天孫族）です。そこから天孫という呼び名が出てきたとしても不思議ではありません。

イエス・キリストに子どもがいたという聖書の記述はありませんが、マグダラのマリアは、復活したイエスを見て、抱きつこうとしたという福音は伝えられています（ヨハネによる福音書20：17参照）。当時のユダヤ人の習慣から言えば、妻だけが抱きつくことができた、という説がありますから、イエスには妻なる存在がいたのかもしれません。だとすれば子どもが……ということも自然な推測です。

もしかすれば、こうしてイエスの直接の子孫を意味する天孫族から、原始キリスト教の信者たちまでを含めて、全員がやがて天孫族と呼ばれるようになって、一緒に神に導かれて、エルサレムが滅亡する前に脱出し、シルクロードを経由して、イザヤがその存在を預言した（イザヤ書24章15節参照）、東の海の島々を目指したのかもしれない……日本に正統なイスラエルの民であることを証明する、ハプロタイプDの遺伝子が日本人に多く存在していることは、神の計画の一環であり、エルサレムから最も遠く離れた、イスラエルの十二支族の民を隠すのに用意された地こそが、イザヤの預言した東の海の島々である日本に違いない……聖書を信じる私の想像はこうしてどんどん広がっていくのですが、その真偽はさておき、もし私の聖書の解釈が正しければ、私たち日本人は非常に大きな責任を背負っているとも言えるのです。

なぜなら、現在、ユダ王国の末裔、ユダヤ人たちは、信仰の異なる人々に囲まれていて自分たちを守るのに精一杯な状態であり、日本人が自分たちの役割に目覚めて立ち上がらない限りは、アブラハムの受けた神の祝福は実現しないからです。

もし、この本によって、一人でも多くの方が自分に与えられた重要な役割に気付き、目を醒ましていただけるのであれば、聖書の預言が実現するときが、一歩近づいたということであり、私がこの本を世に出した目的の一つは、達せられることになる——これは、聖書の預言を信じる者として、そして、その預言が示す平和な世界の実現を心から願う者としての「預言」です。

2
「縄文人」を窓にして

◆縄文人文化を下絵にエデンの園を読んでみると……

縄文人。こう聞いただけで、はるか彼方の日本列島の歴史の思いが飛び、胸躍らせる方も多いのではないでしょうか。

一万五千年以上前の昔から紀元前三〇〇〇年ぐらい前まで、日本列島の主要な定住民族であったとされる縄文人は、狩猟採集から植物の栽培も行うほど高い文化を育んだ人たちであったようです。住居の跡から、狩猟採集の道具や煮炊きする調理道具まで、さまざまな遺跡が各地で発見されていますが、一万年以上も、さほど変わらぬ生活様式を維持できていたということは、戦いを好まない、厚い信仰心も持つ人々であったのではないか、とも言われています。私も同感です。

聖書には、東アジアや日本列島のことに直接触れた物語はありませんから、当然ながら、この縄文人についても、聖書の物語では触れられてはいないのですが、縄文人の生活スタイルを彷彿とさせる場面はいくつか登場します。

そのひとつが、創世記の中にあるエデンの園の物語です。地に実る果実や、自然に生えてくる作物を食べていた、とされているのがエデンの園のエバとアダム。野山の恵みを採集し、それを日々の糧とする生活スタイルは、年代まではわかりませんが、日本の縄文人文化を彷彿とさせます。創世記からエデンの園に関する描写をいくつか拾いあげてみましょう。

創世記

神は言われた。「地は草を芽生えさせよ。種を持つ草と、それぞれの種を持つ実をつける果樹を、地に芽生えさせよ。」そのようになった。01：11

地は草を芽生えさせ、それぞれの種を持つ草と、それぞれの種を持つ実をつける木を芽生えさせた。神はこれを見て、良しとされた。01：12

神は言われた。「見よ、全地に生える、種を持つ草と種を持つ実をつける木を、すべてあなたたちに与えよう。それがあなたたちの食べ物となる。01：29

地の獣、空の鳥、地を這うものなど、すべて命あるものにはあらゆる青草を食べさせよう。」
そのようになった。01：30

主なる神は、東の方のエデンに園を設け、自ら形づくった人をそこに置かれた。02：08
主なる神は、見るからに好ましく、食べるに良いものをもたらすあらゆる木を地に生えいでさせ、また園の中央には、命の木と善悪の知識の木を生えいでさせられた。02：09

創世記の2章を参照すると、アダムとエバが木の実だけを食べていたように思えますが、創世記の1：29によれば、木の実だけではなく、草や麦などの草の実もしっかりと食べていたようです。大規模な縄文遺跡として名高い青森市の三内丸山遺跡の発掘では、栗の実が大量に見つかっています。まさにエデンの園と同じです。

縄文の人々はエデンの園のような環境で暮らしていたのではないでしょうか。縄文人の信仰の熱心さや、平和を続ける強い気持ち、助け合いの精神などは、エデンの園の発展形のようにも考えられますし、聖書でいうところの福千年の世界にも非常に似ていると感じます。

もうひとつ、縄文時代の日本とエデンの園には、自然環境においてよく似た点があります。それは水が豊富ということ。日本では縄文時代の後期に陸稲栽培が始まりました。陸稲は水田での稲作よりも水の量が少なくてすみますが、それでも栽培時に、麦よりも多くの水を必要とします。次の一節にあるように、エデンの園にもいくつもの河が湧き出ていましたから、縄文人が好んだ環境と同じように、水が豊富な土地だったに違いありません。

エデンから一つの川が流れ出ていた。園を潤し、そこで分かれて、四つの川となっていた。02：10

第一の川の名はピションで、金を産出するハビラ地方全域を巡っていた。02：11
その金は良質であり、そこではまた、琥珀の類やラピス・ラズリも産出した。02：12
第二の川の名はギホンで、クシュ地方全域を巡っていた。02：13
第三の川の名はチグリスで、アシュルの東の方を流れており、第四の川はユーフラテスであった。02：14

違っていたとすれば、食料の種類でしょうか。三内丸山遺跡からは、魚や少しの獣の肉を食べていた形跡が発見されていますが、これはエデンの園の食生活には見られないものです。

この違いは、気候の違いによるところが大きいのかもしれません。三内丸山遺跡のある地域は、冬の寒さが厳しいところです。野菜や野草などの食べ物が乏しくなるため、身体を暖めるために、魚や小型の動物の肉を食べる必要があったのではないでしょうか。

聖書のエデンの園の物語だけを読むと、エデンの園は空想の世界の出来事のようにも思われますが、日本の縄文人の生活と重ね合わせてみると、急に現実味が増してくることも確かです。聖書には直接には登場しない縄文人を、あえて通して読んでみることの、おもしろさの一つです。

◆遺伝子タイプが語る民族の系譜

日本列島に一万年以上も平和な社会を築いていたという縄文人は、いったいどこからやって来たのでしょうか？

この疑問に対して、多くの人を納得させる仮説はまだ出されていない、と私は考えていますが、いくつかの科学的に証明された不思議な事実を元に、想像と推察を展開していくと、なかなかに興味深い縄文人像が見えてきます。

科学的に証明された不思議な事実のひとつは、遺伝子の分析です。典型的な縄文人の系譜ではないかと言われているアイヌの人々や、沖縄の一部の人々の間には、Y染色体遺伝子の「ハプロタイプD」が非常に多いというのです。ハプロタイプDの人口が世界でいちばん多いとされる日本人の中でも、突出してハプロタイプDを持つ人が多くいる地域らしいのです。古代日本の物部氏、秦氏系の人々の中にも、この遺伝子の型が多く見つかっていると指摘する研究者もいます。

先ほど述べたように、日本人以外でハプロタイプDを持つ民族は少数であり、アンダマン諸島や、チベットに比較的多く見られる程度ともいわれています。

こうした遺伝子型の科学的な事実から単純に推論していくと、縄文人は古代の日本列島にだけ住んでいたかのようにも思われますが、近年は、米国の古い遺跡などからも日本の縄文人と同様の遺跡が見つかり、科学的な分析の結果、遺伝子的にも縄文人と一致することがわかっています。さらには、南太平洋ポリネシア系の島からも縄文土器が発見されています。

これらの事実をどう考えたらいいのでしょうか。縄文人の文化が世界各地に同時多発的に生まれたのか、それとも……？

◆縄文人は「海をこえて」を旅をした？

世界各地で発見されている、縄文人の遺跡や文化の痕跡らしきもの。これは興味深い事実ですが、これまで発掘されてきた、数多くの縄文時代の遺跡からわかっていることがひとつあります。それは、縄文遺跡は世界中で日本に断然多く残されているということ。つまり、縄文文化の中心地は日本列島にあったと考えられるということです。

この事実から出発すると、日本以外の土地で発見される縄文遺跡も、日本列島の縄文人が住んでいたものではないか、という仮説が成り立つのではないでしょうか。日本列島で生まれ育った縄文人が、海を越えて他の島々や大陸へ渡ったとすれば、可能性は十分にあります。では、何のために世界各地へ？　といえば、私はやはり、交易が有力な動機ではないかと見ています。

日本の縄文遺跡からは丸木をくりぬいた、いわゆる丸木舟が一六〇艘も見つかっています。千葉県の雷下遺跡から出土した丸木舟は、日本最古といわれる七五〇〇年前のものです。先ほど例にあげた三内丸山遺跡（五五〇〇～四〇〇〇年前）は東北の北に位置しますが、遺跡の出土品である黒曜石や翡翠とか琥珀などの原産地は、科学的な測定の結果、北海道から東北、関東甲信越のあたりまで、広域にわたることがわかっています。縄文人はすでに交易の文化をもち、そのための交通手段も素朴ながらもっていたのです。

縄文人が、世界各国を旅して貿易をしていたのではないかと聞くと、文献も残っていない、はるか遠い時代のことだけに、根拠のない空想のように思われる方も多いかもしれませんが、時代が下って徐福の渡来のように海外で史実が記録される頃になると、日本列島へ渡ってきた渡来人の歴史が数多く記録されているわけですから、海を越えての交易や交流が縄文時代からあったのではないか、という仮説は、様々な縄文遺跡が海外に証拠として残っているのですから、決して無理な筋道ではないと私は考えます。

余談になりますが、ノアが巨大な箱舟を完成させたのは、紀元前二三七〇年前後です。徐福の時代よりも二〇〇〇年以上古い時代です。縄文時代の後期には大きな船を造る技術が残っていたのかもしれません。縄文遺跡からは、たくさんの様々な形の土偶が発見されていますから、縄文人が信仰深い人々であった可能性が強いのです。

縄文人の中には、おそらく、ノアのように、神の声を聞ける預言者のような人物も存在したに違いありません。ノアが神の教えによって巨大な船を作ったように、縄文人たちも、神の教えによって、外洋船を造ることが可能であったのかもしれません。その可能性を証明しているのが、三内丸山遺跡の巨大な建造物です。数トンもの重量のある材木を操れるだけの技術を持っていたのです。

　このような、縄文人の行動範囲の広さ、彼らがすでに交易という文化を持っていた、ということを前提に、渡来系の氏族であったとされる物部氏や秦氏が、縄文人と共通する遺伝子をもっていたことを考え合わせると、縄文人が当時すでに「海をこえて」旅をしていた可能性はぐっと近づいてくるような気がします。今後も、世界の各国で「縄文人の足跡」が発見されることだろうと思いますが、それらは、日本から渡って行った縄文人が残した足跡と考えるのが、むしろ自然なことではないか、と私は思います。

　さらにここから、聖書の物語へ、創造的に、補助線を引いてみるとするなら、シュメールとの繋がりが深く、メソポタミアのウルの地で生まれ育った、聖書の中で最も偉大な父祖であるアブラハムの祖先も、実は日本の縄文人だったのではないか、という私の仮説ができあがるのですが、実は、この私の仮説と同じようなことを述べている書物があるのです。

「竹内文書」――多くの研究者から偽書とされている書物として知られていますが、私自身も、長い間この「竹内文書」の信憑性については疑問視してきました。ただ、血統や遺伝子の流れについて考えてみると、どうしても「竹内文書」の世界にいきあたってしまうことも確かです。

「竹内文書」は、縄文人は世界中を旅しており、その中の一人がアブラハムの祖先になった、と伝えています。この内容をふまえると、アジア系イスラエル人に多いとされる「ハプロタイプDやEに共通のYAP遺伝子」を持つ日本人がなぜ多いのか、という大きな謎を解く道筋も開けてくるのです。

つまり、縄文人と一致する遺伝子を持つ物部氏や秦氏は、縄文人の子孫であったのだという仮説が成り立つのです。彼らがイスラエルの神に導かれて日本にやって来たのは、自分たちの先祖の土地に戻って来たということ――そのように考えることもできます。

さて、ここまでお話してきた縄文人の姿や聖書との関係を、みなさんはどのように受け止められるでしょうか。いまはまだ想像の域を出ないように思われても、縄文人の文化に関する研究が進み、彼らの交易や行動範囲の広さがより明快に検証される日がくれば、縄文人の影響が、メソポタミアの地にも及んでいた可能性が現実味を帯びてくるはず――そう私は考えているのです。

第３章
聖書と日本と日本人

第4章

聖書が示す世界観に想う

あなたの宗教は何ですか？——海外ではじめて会った人からこういう質問を受けて、とまどったという話を聞くことがあります。言われてみれば、日本人同士のふだんの会話の中では、宗教のことはあまり話題にのぼらないようです。だから、日本人は宗教心がないと結論づける向きもあるようですが、ふだん宗教のことはあまり考えたことがないという方も、そうとは気づかずに、宗教的な言葉を口にしたり、宗教と密接に結びついた世界観について、熱く語ったりすることは珍しくありません。逆にいうなら、宗教の世界はそれだけ日本人の深層に届いている、ということなのかもしれません。天使と悪魔、天国と地獄、輪廻転生……ふだん私たちもよく耳にし口にするこうした言葉を通して、聖書が示してきた世界観について本章では考えてみたいと思います。

1 人生の目的と輪廻転生

◆「失敗だらけの人生」に意味はあるのか

私の知る限り、多くの人々が苦労だらけの人生を送っています。お金や、人間関係や、体質や病気、また、自分の才能が足りないことも悩みの種となります。「苦労ばかりの人生はもう嫌だ」と、切実に感じる方もおられることでしょう。そして時に、家族や周りの人を悲しませることがわかっているにもかかわらず、自殺を選んでしまう方もいます。

一方で、私の母のように、認知症が随分と進んでも、「私は本当に幸せだ」と笑顔で暮らせる人もいます。そんな母も、若い頃にはずいぶんと苦労もしましたし、辛く悲しい目にも遭っています。人生はあざなえる縄のごとしという言葉もあるように、だからこそ、老年になってからの人生が本当に幸せだと強く感じられるのかもしれません。現在、母は老人用施設で、神様から与えられた、人生のおまけのような時間を、楽しんでいるように見えます。

不思議なことですが、世の中には、お金がなくてもまったく苦労を感じず、お金がないなりに幸せを味わうことができる人々が存在します。逆に、人がうらやむほどのお金持ちの家に生まれても、家族の人間関係が良くないなど、本当の幸せを感じられずに笑顔が消えてしまっている人もいます。

おそらく、世の中の誰もが、苦労の少ない幸せな人生を望み、それが実現するように、願ったり、祈ったりしていることだと思うのですが、しかし、充実した本当に幸せな人生を得られる人は、残念ながら実際は非常に少ないのではないでしょうか。

私自身の人生を振り返ってみるときも、思い出されることは、反省や後悔につながることが多く考えさせられます。妻が生きている時にもっと優しい言葉をかければよかった、あの時友だちにもっと温かく接したらよかった……というように失敗したことだけが真っ先に、目立って思い出されるのです。こんな失敗だらけの人生をくださった神様は、意地悪なお方なのでしょうか……そんな疑問をふと思うこともなかったわけではない私も、最近になって、ようやく神様の計画が理解できるようになってきました。

実は、この「失敗だらけの人生」こそが、将来の大きな宝物、よりよい人生を生きるための糧になるのだ、と思えるようになったのです。人は失敗をしたときに、次はもっと成功できるように、今度はもっと人生を楽しめるように、と失敗から学びつつ様々な工夫を施します。そうして、知恵がつき、精神的にも成長し、その後は様々な人生の改善が素早く行われるようになっていきます。これは明らかに大きな進歩であり、進化と呼べるものではないでしょうか。

こうして私たちは、失敗の経験を重ねることにより、長い人生を通して、少しずつ利口になっていくのだとすれば、「失敗だらけの人生」の価値が逆転して、前向きの意味が生まれてきます。

◆「人生は一度きり」という問題

しかし、問題がないわけではありません。人生は一度きりです。

たった一度の人生では、あなたが男性であれば、男性としての経験しかできませんし、女性であれば女性としての人生しか経験できません。あなたが金持ちであれば、金持ちとしての人生を経験するだけか、あるいは、金持ちから貧乏生活への劇的な転落を経験するか、あるいは、起業に成功して、金持ちから大金持ちになる経験ができるかもしれません。ある人は、スポーツ界のヒーローとして人生を過ごすかもしれませんし、俳優として大成功した人生を送れるかもしれません。一方で、そうした成功の後は、目立たない地味な、苦労の多い人生を送ることになるかもしれません。幸運ばかりが続いたり、映画やテレビのドラマのような劇的な瞬間が訪れたりすることは、長い人生の中でほんのひと時だけです……。

このように考えてみると、どんな人生も、その一回だけの人生を経験しただけでは、すべての苦労や喜びを経験したとはとても言えない、ということがわかってきます。言い換えれば「たった一回の人生経験では、神々のように、すべての人類の心を完全に理解できる存在になることができない」ということです。

人間性を頑張って高めていきたいと願っても、一回の人生では限りがある。このことをどう考えたらいいのか？――この問いに仏教やヒンズー教などは、いのちは輪廻転生するという世界観で応えてきました。仏教に馴染んでいる多くの日本人にとっては、受け入れやすい考え方です。

では、キリスト教ではどう考えてきたのか？

この問いを入口に、次節では、キリスト教における輪廻転生について考えてみたいと思います。

◆「輪廻転生」と聖書

キリスト教にはカトリック系とプロテスタント系という大きな二つの異なる教会組織がありますが、いま私が立てた問いに関しては、どちらも同じ立場を取り続けています。
輪廻転生はキリスト教にはない――この見解はどちらの教会においても同じです。

私は聖書を信じ、神を信じる人間ですから、本来なら教会と意見を異にすることはないのですが、この輪廻転生のことに関しては、教会とは意見を分かつしかありません。というのは、私は、聖書を信じているものの、多くのキリスト教徒の考えとは異なり、輪廻転生を信じないと、聖書を読み解くことは不可能であると考えているからです。
たとえば、こういう聖句がマタイによる福音書にあります。

マタイによる福音書
彼らはイエスに、「なぜ、律法学者は、まずエリヤが来るはずだと言っているのでしょうか」と尋ねた。17：10
イエスはお答えになった。「確かにエリヤが来て、すべてを元どおりにする。17：11

言っておくが、エリヤは既に来たのだ。人々は彼を認めず、好きなようにあしらったのである。人の子も、そのように人々から苦しめられることになる。」17：12
そのとき、弟子たちは、イエスが洗礼者ヨハネのことを言われたのだと悟った。17：13

ここで明らかにイエスは、過去に実在した預言者エリヤとイエスの時代に生きた、預言者バプテスマのヨハネが同一人物だと語っています。時代の異なる二人の人物が同じ人物であるとイエスが語っているということ、このことは、イエスが輪廻転生を認めていたというひとつの証だろうと私は思います。

しかし、「輪廻転生を信じないと、聖書を読み解くことは不可能」と私が考える理由は、イエスがこのように語っていたからという理由だけではないのです。

◆さまざまな経験が救い主をも人をも成長させる

キリスト教における輪廻転生に関する問いは、別の言葉で表すとすれば、「救い主が肉体で世におられた時に、肉体の弱さや人種、性差別という、あらゆる苦しみを経験したのかどうか」という問いでもあります。

なぜなら、救い主はこの世でのさまざまな経験を通して、人間の多くの苦しさや悲しさを理解できるがゆえに、正しい援助や指導をすることが可能だと私は思うからです。

先にお話したように、ひとりの人間が一回の人生で経験できることは限られています。救い主イエスといえども、すべての人の経験や感情を一度の生の中で経験することは不可能でしょう。つまり、この世にあって、時に涙を流すことがある救い主は、輪廻転生によって、男性女性、老いた人若い人などの違いを超え、私たちすべての苦しみや悩みを完全に理解されているから、正しい援助をしておられたのだろう――私は、救い主、イエス像をこのように考えているのです。

少なくともイエスは、ゲッセマネの園で血の汗を流すほどの精神的な苦しみを引き受けながら祈りを捧げた後、さまざまある死刑執行の方法の中でも、最も肉体的な苦痛が大きいとされる十字架刑を受け、霊と肉体の双方の極度な苦しみを味わっておられます。救い主として、人間の苦しみを完全に理解した上で、必要な助けができる状態になられた。そして、おそらくは――キリスト教会のほとんどが否定していることですが――この段階に至るまでに、さまざまな形で何度も世に生を受けることによって、より高い完全な救い主になられたのだろう、と私は思います。

私は思うのですが、本来の聖書は、もっと多くの箇所で輪廻転生について書かれていたのではないでしょうか。

勝手な推測と批判を受けるかもしれませんが、初期のカトリックが、ニカイア公会議、コンスタンチノープル公会議、エフェソス公会議、カルケドン公会議のいずれかの会議を経て、輪廻転生についての記述を意図的に抜いた可能性があるのではないか、とも考えるのです。

歴史をひもとけば、こうした私の推測も根拠のない推測とは言えないはずです。たとえば、現在のキリスト教では、父と子と聖霊が一体であるという「三位一体」の思想を正式な教義としていますが、この三位一体の思想は、イエスの直伝の教えではありません。原始キリスト教の時代から存在したものではないのです。イエスが十字架に架けられた数百年後に、カトリックのニカイア公会議から議論され、数十年かけてまとめられた、人の手で作られた教義なのです。

カトリックの教義の極めて基本的な教義の部分でさえも「人間の会議」でまとめられているのですから、聖書の福音の記録そのものに、後から手を加えた可能性は大いにあるはず。輪廻転生の思想も、おそらくその改竄《かいざん》され、抜かれた記録の中にあるのではと私は推測しますが……さて、真実はいつか明らかにされるでしょうか。

◆「愛の神」だからこそ

「愛の神」――イエス・キリストはしばしばこう呼ばれます。

なぜ、こう呼ばれるのか、私なりにさまざま考えたことがあります。

イエスは、ヨハネによる福音書に登場するラザロやバプテスマのヨハネがこの世を去った時に、涙を流して大いに悲しまれました。そして、ラザロを愛するが故に復活させたといわれます（ヨハネによる福音書11章参照）。このように、聖書の中には、神が人類を本当に友として扱っておられると受け取れるケースが見られます。「愛の神」イエスにふさわしいエピソードです。

しかし、「愛の神」イエスの役割は、もちろんこれだけではありません。喜びの経験だけではなく、悲しみや苦しみも伴うさまざまな人生経験を積ませることを通して、人々を精神的にも肉体的にも成長させて下さるから「愛の神」なのです。

神を信じる立場から、私は、私たちの人生における喜怒哀楽のさまざまな経験を、人類が霊的に大きく成長するために神々が計画をしてくださっていること、と考えるようにしています。だからこそ「失敗だらけの人生」が生きる糧になる、と。

これは聖書に書かれていない、私の創造的思索のひとつですが、神々には計画がきっとあるのだろう、と。その中でもっとも愛あるプランは、将来、私たち人類を、ご自分たちと同じような立派な神々に育て上げ、最終的には神々たちの業のよき理解者である「神々の友」とすることではないだろうか、と。

そう考えれば、苦難のない、幸福な人生しか経験できていない人物が、次の世で全知全能の神々としての役割を果たせないことは、容易に理解できます。苦しみを経験したことのない神に人類の管理を任せることは、手術経験の少ない医師に大きなリスクのある手術を任せるようなものですから。

ゆえに「輪廻転生のシステム」には存在する理由があるのではないか？——聖書を信ずる私があえて、キリスト教の常識に抗して、こう問いかけるのは、神々と人間との根源的関係に我が身を置いて想うからなのです。

2 天国、地獄、ルシファー

◆最終的な天国が訪れるとき

天国と地獄はあるのか、あるとしたらどんなところだろう?――誰しも子どもの頃、こういう疑問を抱いて、こわごわとながら、しかし興味津々に、見たこともない天国と地獄について想像を巡らせたことがあるのではないでしょうか。

大人になるにつれて、そうした思いもだんだんに薄れていくものですが、世界宗教の教えが語る世界観は、むしろ、子ども心の世界と通じているようで、ユダヤ教でもキリスト教でもイスラム教でも、天国と地獄の存在は信じられています。仏教でも、極楽と地獄のことが絵図を通してわかりやすく教えられていることは、みなさんもよくご存知の通りです。

聖書には、来るべき天国について触れた預言がいくつもありますが、みなさんが天国と聞いてまず思い浮かぶのは、キリストが再臨して始まる福千年の時代かもしれません。実は、最終的な天国の世界は、福千年ではなく、その後にやってくるとされているのです。

争いも飢えもない福千年の世界は、いまの私たちから見れば、理想郷に思えますが、そこはまだ人間も動物も、食べ物が必要な世界です。聖書の預言が示す最終的な天国の世界は、いまの私たちの世界とはまるで異なる世界のようですから、私がいま言葉で語ることは非常に難しいのですが、少なくとも「食べるものがなくても生きていける」世界であることは確かです。そういう天国の世界が、福千年の後にやってくるというのが聖書の預言ですが、この福千年を迎える前後に、私たちが通過しなくてはならない、水と火による過酷な試練があることも聖書は預言しています。

新しい世界を迎えるためには、試練を通過して身を清める必要があるということだろうか、と私は考えていますが、その清めの試練の原型は、私たちの身近なところにあって、体験することもできます。キリスト教の教会で行われている洗礼の儀式がそれです。

◆水と火による清めの試練をくぐりぬけ

バプテスマ――キリスト教の洗礼の儀式はいまこう呼ばれ、現在多くの教会では少量の水をふりかけるやり方をとっています。古い形式を継承していると思われるユダヤ教のクムラン教団では、紀元前から、全身を水の中に沈める「浸礼《しんれい》」というやり方で行われていたとも聞きますから、あるいは、水によるバプテスマは、数秒間だけ完全に水中に沈められる浸礼の形が、本来の儀式の姿だったのかもしれません。もしかしたら、神殿にあったソロモンの海は、バプテスマ用であったのでは……とも、私は想像しますが、水によるバプテスマが大切な理由は、私たちの体と心を清い状態に変えることです。いずれの形であっても意味するところは同じです。清めることがこの儀式の核心です。

身を清めるということがバプテスマの核心だとすれば、清めるために使われるものは水に限りません。聖書では、人も地球も、清められるために水と火が用いられています。地球はノアの洪水によって完全に水没しています。これも地球を清めるバプテスマと考えることができるのではないでしょうか。

さて、最終的な天国はどのように実現するのか？　ということですが、聖書の預言によると、地球自体が昇華されるために、水のバプテスマの後、火によるバプテスマを二回受けた、その後にやってくるとされています。

福千年前と福千年後の二回も火で焼かれ、その後にようやく最終的な天国が存在するようになる、というわけです。

まず、一回目の火によるバプテスマの後、初めて地球に誕生する福千年の世界をのぞいてみることにしましょうか。

◆そのとき、天から降りてくるもの

福千年の前に訪れる最初の火のバプテスマでは、多くの悪人は、重ねた悪行の清算を迫られるかのように火で焼かれ、死に至るとされています。

一方、対照的に、善き人たち、義人は焼かれずに空中に高く引き挙げられ（テサロニケの信徒への手紙1の4章17節に書かれているこのことを多くのキリスト教会では「携挙《けいきょ》」と表現しています）、福千年王国出現の瞬間を待つことになります。

先にも触れましたが、キリストの再臨によって成立する福千年王国は、最終的に到来する天国

とは異なり、人間も動物も食べ物が必要な世界です。エッサイの株からひとつの芽が出で……と始まる「イザヤ書」の11章には、福千年の世界の有り様が描かれていますので、関心のある方は読んでみてください。

さらに不思議なことが起こります。福千年が始まると、エノクの町あるいはエルサレムと呼ばれる超巨大な都市が天から降りてくるのです。

その形は、まるで方形のピラミッドのようなものと思われるのですが、私の言葉だけでは信じられないかもしれません。その場面の聖句を引用してみます。

ヨハネの黙示録

この天使が、〝霊〟に満たされたわたしを大きな高い山に連れて行き、聖なる都エルサレムが神のもとを離れて、天から下って来るのを見せた。21：10

------中略------

この都は四角い形で、長さと幅が同じであった。天使が物差しで都を測ると、万二千スタディオンあった。長さも幅も高さも同じである。21：16

「ヨハネの黙示録」に記されている、天から降りてくるこの方形のピラミットの絵や写真が、怪しげな系統の本の中で何度か取り上げられています。もちろんそのほとんどが創作なのですが、創作とはいっても、そんなことはありえないと全否定することはできません。聖書の預言の中に「四角い形の都が降りてくる」と記されていることは確かなことですから。

ところで、この巨大ピラミッドの中に住めるのは、神から高く評価された正しい人々だけです。ピラミッドの中に住むことが許されなかった多くの人々は、同じく主が治めている、ピラミッドの外に住んでいます。「ヨハネの黙示録」には、次のように書かれています。

ヨハネによる黙示録22：15
犬のような者、魔術を使う者、みだらなことをする者、人を殺す者、偶像を拝む者、すべて偽りを好み、また行う者は都の外にいる。

この聖句には、福千年の間は、かなりの悪人にも反省のチャンスが与えられるかのように、書かれています。

ヨハネの黙示録20章によると、福千年は文字通り一〇〇〇年間続き、その間サタンは縛られて悪事を働くことができない状態にされています。そして、福千年後に一度サタンは解き放たれ、地球全体が再びサタンの誘惑を受けるようになるのですが、地球がサタンに完全に支配されてしまうことはなく、その後、火による二回目のバプテスマによって清められた地球に、本物の、そして最終的な天国が誕生するのです。

◆もはや海もなくなった

到来した本物の天国の様子の一部は、「ヨハネの黙示録」に記されているのですが、地球が天国に昇華した状態の中では、海がまったく消え失せてしまっているような印象も受けます。

ヨハネの黙示録04：06
また、玉座の前は、水晶に似たガラスの海のようであった。この玉座の中央とその周りに四つの生き物がいたが、前にも後ろにも一面に目があった。

ヨハネの黙示録21：01
わたしはまた、新しい天と新しい地を見た。

最初の天と最初の地は去って行き、もはや海もなくなった。

このように、預言で描かれる天国の様子は、海の景色ひとつをとっても、私たちが住む世界とはまったく異なったものなので、いまこの世にありながらやがて来る福千年の王国や、最終的な天国の様子を想像することは不可能なのかもしれません。そこに住む人々全員の心が、穏やかで満たされた天国そのものであり、私たちがどんなに頑張っても絵に描けないような、理想的な場所なのでしょう。いま私たちがいるこの地球は、神により高められることで、徐々に天国としての機能を果たせるようになるのではないでしょうか。

さて、その時が――最終的な天国が到来する時が、いよいよきたとしても、忘れてはいけないこと。そう私が心に言いきかせていることがあります。コリント信徒への手紙1の中にこういう言葉があります。

コリント信徒への手紙1
また、天上の体と地上の体があります。しかし、天上の体の輝きと地上の体の輝きとは異なっています。15：40

太陽の輝き、月の輝き、星の輝きがあって、それぞれ違いますし、星と星との間の輝きにも違いがあります。15：41

太陽と月の星の輝きはそれぞれ異なるし、星にもさまざまな輝きがある、とこの言葉は語っています。この一節を読んで私は、最終的な天国にも、いくつかの異なる段階の世界が存在しているようだと理解をしました。

もしも、自分が「星の輝き」にしか相応しくない体にありながら、霊的な状態が高い人々だけが入れるような「太陽の輝き」の天国に入ってしまったらどうなるだろう？　とても惨めであり、地獄の苦しみを味わうことになるのだろう、と思うのです。

分不相応な望みは持たないこと。

これは、つねづね私が自分自身に言い聞かせている言葉でもあります。

◆嫌われもの、「蛇」における福千年

ここからは、聖書の中で「悪魔」という表現が与えられている存在について、私なりの考察をお話したいと思います。聖書を正統的に学んでいる方には、受け入れ難い解釈も含まれていることは重々承知しているのですが、このような意見も存在している、ということを知っていただきたいと思い、あえて記すことにしました。

まず、サタンにとりつかれてしまった蛇のことから考えてみます。

創世記のみならず、聖書全体の中で蛇は「サタンの使い」として扱われています。エバとアダムを騙した罪と神の言葉によって人間から嫌われ、この時から人間と蛇は、互いに敵同士となったと言っても良いでしょう。

創世記

主なる神は、蛇に向かって言われた。「このようなことをしたお前はあらゆる家畜、あらゆる野の獣の中で呪われるものとなった。お前は、生涯這いまわり、塵を食らう。03：14

お前と女、お前の子孫と女の子孫の間にわたしは敵意を置く。彼はお前の頭を砕きお前は彼の

かかとを砕く。」03：15

創世記の中で、蛇は明らかに人類から恨まれる存在となります。女の子孫、すなわち女性から生まれる全人類が、蛇に対して敵意を持つようになるのです。

しかし、実は、聖書の蛇が嫌われたままで終っているわけではありません。先の章でも引用しましたが、イザヤ書の11章にこのような預言があります。

イザヤ書11：08
乳飲み子は毒蛇の穴に戯れ／幼子は蝮の巣に手を入れる。

これは福千年が到来した時の、人と毒蛇の関係を表したもの、と読むことができる一節です。つまり、人類はずっと蛇＝サタンを嫌ったままではない、ということが暗示されているわけです。敵意がなくなるどころか、福千年の世界では、蛇たちは子どもたちのよき友、遊び相手となっている様子が描かれています。このことはどう解釈したらいいのでしょうか。

私はこう考えました。悪事を働いた蛇が神から罰せられたとしても、それは神々が蛇へ与えた、言ってみれば教育的な指導であって、神々の本音ではない。神々は「ある贖《あがな》いによって」すでに蛇の悪事を許しているのかもしれない、と。

「ある贖い」とは、偉大なイエス・キリストによる贖いです。人々の罪を背負って十字架の刑という受難を引き受けたイエスの贖い。この行為によって、人間のみならず、蛇のように嫌われている動物を含めたすべての動物たちが、すでに、罪から贖われているのではないか——。

◆イエスはなぜ「明けの明星」と自身を呼んだのか

さて、実はここからがこの項の本題です。

聖書には、「ルシファー」という悪の存在が登場します。

原義は、ラテン語でいう「明けの明星」のことなのですが、「黎明の子、明けの明星よ、あなたは天から落ちてしまった……」と語られるイザヤ書14章の預言に端を発して、天から落ちた明けの明星、つまり、堕落した天使のことを意味する言葉に転じ、その後のキリスト教では、ルシファーは堕天使、悪魔、サタンであるという解釈で広められてきました。もともとは神のそばに仕えていた天使が、堕落して悪魔になった、という解釈です。

これは、聖書を学んだ方にとっては、極めて常識的な認識と言えるものだと思いますが、実は不思議なことにこの「ルシファー」という言葉を、イエス自身が我が身を指して使われている聖句があるのです。

ヨハネの黙示録22：16
「わたし、イエスは使いを遣わし、諸教会のためにし以上のことをあなたがたに証しした。わたしは、ダビデのひこばえ、その一族、輝く明けの明星である。」

イエスは先祖のエッサイの子孫であるとともに、ダビデの子孫でもありますが、なぜか同時に、「明けの明星」でもあるお方だと宣言なさっておられます。

私自身は、イエスは地上における全ての業を終えた後、新たな意味をこめて「ルシファー＝明けの明星」と名乗るようになったのかもしれないと、直感的に受け止めているのですが、しかし、聖書の世界では旧約聖書の頃から「明けの明星＝悪魔」と解釈されてきた言葉でもあるのです。それを、神の業を完成させた状況になって、なぜ、わざわざ、イエスご自身が名乗ることを決めたのか？

考えさせられました。そして、まったく別の角度からこのことを考えてみようと思ったのです。

◆もしこの世に悪の存在がなかったとしたら

考えてみたのは、聖書においてサタンやルシファーのような、悪とされる存在がどのような役割を果たしていたのか、ということです。

たとえば、もし、サタンや蛇が存在しなかったなら、アダムとエバは、今も知恵の木の実を食べることなく、ずっとエデンの園に住み続けたのではないでしょうか。二人がいつまでも仲良くエデンの園で暮らして居る……そんな光景が思い浮かびます。

知恵の木の実を食べることもありませんから、二人は幼子のように素直に育ったかもしれません。反面、善悪を知ることもなく、知恵や知識も幼子程度だったとすれば、子どもを産み育て、教育を施すことは難しかったであろう、とも想像できます。

こうして、もし蛇が二人を誘惑しなかったら……という仮定を積み重ねてみたとき、私はこれは創世記の読み方を少し考えてみなくては、と思ったのです。幼子のようなアダムとエバだけの力では、人類がその後、知恵を得てさまざまな経験をし、七十五億人以上にまで子孫を増やせたことをとても説明できないだろう……と思ったからです。

サタンが、エバとアダムを誘惑してくれたおかげで、人類はエデンの園の中では体験できなかったこと――たとえば、誘惑や迷い、悩みや葛藤、数々の愚かな失敗、病気や事故などさまざまな体験をして、悩み苦しんだことにより、はじめて可能となる霊的、精神的な成長を得ることができたのではないか――。

こんな思いがやってきたとき、私の中で聖書における「サタン」や「ルシファー」の役割や意味合いが少し変わったように感じられたのです。

私たちは病気や怪我に苦しんだ経験を経て、周囲の人々が怪我や病気をしたときに、あたかも自分の苦しみであるかのように、心から同情することができます。自分が様々な失敗を経験し、その辛さを知ることで、隣人や友人に対する心からの同情や純粋な愛や友情を育てることができるのです。

人が悩み苦しむことなしに、立派な一人前の人間に成長することは、あり得ないのではないか……こうした仮定を積み重ね、延長していくと、考えはあるひとつの言葉に収束されてきます。人はこの世で試されて霊的に成長していく――つまり裏返せば、この世の生活は、必ず「試しの世」でなければならないということです。

確かに、救いのシステムは神々がお創りになった。しかし、人類にとっての「試しの世のシステム＝人類の成長プログラム」は、実は悪魔であるサタンやルシファーが、完成させてくれたと考えることはできないだろうか——。

◆だから「神の一番弟子」が選ばれた

ルシファーは「明けの明星」と呼ばれたほど、神のすぐそばにおられ、極めて優秀な、神の一番弟子と呼ばれたほどの存在です。言葉を換えれば、神の計画のすべてを知っていたはずの存在です。それが、なぜ突然、神に逆らうように堕天使になってしまったのか、私は長いこと非常に不思議に思っていました。

しかし、今は少しだけその謎を解きかけているように感じています。

人類の成長のために、苦難がどうしても必要なことだとしたら、そのことを与える悪の役、つまりサタンという役柄が必ずや必要になるはずです。しかも、その役を担う存在は非常に優秀でなければ務まりません。「明けの明星」とまで呼ばれた天使こそ適任でしょう。

このように考えてくると、サタン、ルシファーは人類のために、非常に素晴らしい役割を果たしてくださっていると考えることができます。サタンや、サタンのような悪役の出現により、聖書のすべてのストーリーが存在できるのです。

極論を言えば、サタンの誘惑が存在しなかったならば人類が成長できませんから、神が地球を創った意味も消え失せてしまうことでしょう。

ヨハネの黙示録が記したように、イエスが「明けの明星」の名前をあえて身に引き受けたのは、ルシファーの大切な役割に感謝してのことかもしれない――これはもちろん私の深読みです。いくつかの意味を重ね合わせて、イエスはそう語られたのだろうと思います。私はここまでお話したこのような考えにたどり着いてから、イエスとそのすべての弟子たちや、ルシファーなどの、イエスに反対する立場から神の計画を支えた方々たちに対し、素直に深い感謝の気持ちを持てるようになりました。

人類を大きく成長させるという目的のために、非常に優秀な悪魔の役割を置いてくださったことに。命がけで素晴らしい福音を作り、私たちに教えてくださったことに。

サタンの手下となり神から呪いを受けたはずの蛇が、福千年で子どもたちと楽しく暮すようになる理由も、神がなぜわざわざ青銅の蛇で人々を救ったのかという謎も、このように考えることで理解の糸口が見つかるのではないでしょうか。

加えてもう一つ述べるとすれば、サタンの存在がなければ、イエスの「メシア＝人々を天国に導く」としての役割は、完全に不要になっていた。極端な言い方をするならば、救い主イエスは存在する必要がなかったことでしょう。

エデンの園は、天国＝福千年と同じ高い精神的レベルの世界ですから、もし、サタンがアダムとエバを誘惑せず、つまり、知恵の木の実も食べずに、そのまま生き続けていたならば、子孫を増やすこともできなかったでしょう。しかし、それ以上に重要なことは、堕落した子孫がいなければ、イエスの「メシア＝人々を天国に導く」としての役割も完全に不要になっていただろうということです。

極端な言い方をするならば、サタンがいなかったら、救い主イエスは存在する必要がなかったともいえるのです。

そして、もちろん、天国＝エデンの園では、人々を天国へと導くための全ての宗教、ユダヤ教も、キリスト教も、イスラム教も含めて、あらゆる宗教が存在する必然性のない世界であろうと考えられます。神や天使がエデンの園を度々訪れて、直接声を掛けて人を指導していたはずなのですから。宗教もまた、人類が堕落したから、必要になったといえるのです。神様と直接語れる時代では、宗教はまったく必要がなくなるのです。

ここまでお話した仮説は、自分なりに神々の意図されていることを理解しようとして考えた結果、たどり着いたものです。

もしかしたら、明けの明星や蛇は、ドラマの役割をクジで決めたときに、たまたまその役を引いてしまったのかもしれません。私たちが本物の天国を迎えることができたとき――それはつまり、聖書が用意した舞台が幕を降ろすということですが、そのときは、悪魔役も天使役も、一緒に酒を飲み交わし、楽しい時間を過ごすのではないでしょうか。お互いに相手の演技力を褒め称えながら。

＊

ひとつお話しするのを忘れていました。天国があるなら、地獄もどこかにあるはずです。さて、地獄はどこに存在しているのでしょう?

私はこう考えます。神々の愛情を理解できないところには、どこであっても地獄と呼ばれるべき世界が出現するだろう、と。金欲、名誉欲、権力欲、外見だけの美しさや恰好良さといった人間が持つ欲望を、ただそれだけを求めること自体が地獄なのではないでしょうか。

逆にいえば、地獄の対極である天国も、平和な縄文人が暮らしていたような愛に満ちた社会や、神々に愛されるような家庭になら必ずや存在しているはず、と思います。

最終的な天国の到来を待つまでもなく、私たち自身が天国をいまここに存在させることもできるのです。天国の姿とはどのようなものかを、聖書が教えてくれているのですから。

3 「最も大切な戒め」という神からの贈りもの

◆それは優等生的な答えかもしれない

「人類が守らなければならない、最も大切な戒めとは何でしょうか」

聖書を愛読しておられる方であれば、この質問に対し、即座にイエスの語った「戒め＝掟」が思い出されると思います。マタイによる福音書から引用してみます。

マタイによる福音書

「先生、律法の中で、どの掟が最も重要でしょうか。」22：36

イエスは言われた。「『心を尽くし、精神を尽くし、思いを尽くして、あなたの神である主を愛しなさい。』22：37

これが最も重要な第一の掟である。」22：38
第二も、これと同じように重要である。『隣人を自分のように愛しなさい。』22：39
律法全体と預言者は、この二つの掟に基づいている。」22：40

とても個人的な意見を申し上げますが、「最も大切な戒めとは何か?」と問われ、即座に右記のマタイによる福音書を挙げる優等生的な回答は、私の好みのやり方ではありません。この項でも、私の「妄想の世界」へと誘うことに致しましょう。

◆アダムとエバに与えられた最初の戒めこそ

なぜ、イエスが「これが最も重要な第一の掟である」と宣言なさった言葉を、私が素直に受け入れないのか、みなさんは不思議に思われるかもしれません。これに関し、私も随分と長い間悩みましたが、その結果、ある結論にたどりついたのです。

それは、もし、このイエスの言葉こそが最も大切な戒め、あるいは掟であるのならば、なぜ神は最初の人類であるアダムとエバに、この戒めに関することから教え始められなかったのか、ということです。神が人類を創造され、最初の人類となったアダムとエバに与えた最初の戒めは、創世記の中の次の言葉であったように思います。

創世記

神は御自分にかたどって人を創造された。神にかたどって創造された。男と女に創造された。01：27

神は彼らを祝福して言われた。「産めよ、増えよ、地に満ちて地を従わせよ。海の魚、空の鳥、地の上を這う生き物をすべて支配せよ。」01：28

神は言われた。「見よ、全地に生える、種を持つ草と種を持つ実をつける木を、すべてあなたたちに与えよう。それがあなたたちの食べ物となる。01：29

みなさんは、この創世記の聖句から、先に挙げたマタイによる福音書の「最も大切な掟＝戒め」を想像できるでしょうか。創世記の「産めよ、増えよ、地に満ちて……」から、マタイによる福音書の「……あなたの神である主を愛しなさい」までたどりつくには、はるかに遠い道のりがあるように私には思えます。

アダムとエバが神からこの最初の戒めである「産めよ、増えよ……」を受けたのは、二人が知恵の木の実を食べる前のことです。まだ善悪の区別ができず、肉体的に大人でも、その心は幼子のようなものでした。喜びも悲しみも、愛することも、そして物事の善悪さえも理解できない状態でしたから、幼子が両親の愛情をいっぱいに受けて育つように、アダムとエバはエデンの園で神と直接話し、日々、直接の導きを受けていたのです。

このように、神と近しい場所にいたアダムとエバに向かって、神が改めて「心を尽くし、精神を尽くし、思いを尽くして、あなたの神である主を愛しなさい」と命ずる必要があったかどうか――考えるまでもないことのように思えます。

これはアダムとエバには不要の戒めであり、むしろ、二人の末裔たちの中で、神に心を向けることを忘れてしまった人々にこそ、ふさわしいと考えるべきではないでしょうか。

私は、アダムとエバに与えられた、最初の、この時点で最も大切な戒めは、「産めよ、増えよ……」であり、そして、この戒めは、二人にだけ与えられたのではなく、彼らの末裔である全人類に向けられ、与えられたものだと思います。つまり「産めよ、増えよ……」こそ、神の計画で最も重要かつ、最も基本的な戒めだと言えるのではないでしょうか。

その後、人類は増え続けて地に満ちましたが、やがて神の教えを守らなくなり、神の道から離れてしまいました。ですから、マタイによる福音書にある、堕落した人類を救うための戒めが必要になったのではないかと思われるのです。

そう考えれば、イエスが「これが最も重要な第一の掟」と言われたのは、ある意味逆説だということがわかります。主である神を愛せよ、と戒められなくてもよい世界を目指して、私たちは善く生きなくてはならない、ということなのではないか、と私は思うのです。

◆なぜ「隣人を自分のことのように愛せ」なのか

最初に引用したマタイによる福音書には、二つの戒めがありました。

「あなたの神である主を愛しなさい」という第一の掟の後に、「隣人を自分のように愛しなさい」という第二の掟をイエスは語られています。

さて、第一と第二の戒めのどちらが、神の目から見て大きな戒めか、ということを考えてみたいのですが、みなさんはどう思われるでしょうか。

私は、こういう問いかけを自分自身にしたことがあります。

神の御心を理解し、愛することなしに、人々を愛することは可能かどうか?

　結論はみなさんもお考えの通りです。人を愛することに限らず、自分のためだけを考えて判断することは独善的になりやすい、つまり、無償で、見返りを期待せずに人を愛することは非常にむずかしい、ということは明らかです。イエスがいわれる「隣人を自分のことのように」は愛せない――残念ながら、これがふだんの私たちの心のあり方です。愛したつもりでも、思い込みだらけの押しつけの隣人愛になっていることに、気がつかないものです。

　私たちが、祈りや神道の祓いを、毎日のように奏上しなければならない理由は、ここにあるような気がします。

　神の御心を理解するというのは、神に心を向けておくこと、神が何を望むのかを考えるということともいえます。神はすべての人、生きとし生けるものすべての存在にとってかけがえのない存在なのですから、神が望むことを理解するとは、自分だけのためになることを考えることではなくて、むしろ、自分以外の存在すべてにとって「善きことは何か」を考えること、とも言い換えることができます。

　つまり、それが「隣人を自分のことのように愛する」ということであり、他人の苦しみや悲しみを我がことのように思える人は、すでにそのとき、神を愛するということも知っている、とも言えます。

第二の戒めは、第一の戒めをすでに含んでいるという意味では、より大きな戒めとも言えるのではないでしょうか。

◆語られていない第三、第四の戒めを言葉にするなら

第一の戒めは「主である神を愛せ」でした。第二の戒めは「隣人を自分のことのように愛せ」と続きました。これはどうも、第三の戒めがあるようだ……私はそう感じています。「神の導きを受けながら」という条件が付いていることは言うまでもありませんが。

もちろん、第三の戒めは聖書にはまったく書かれていません。しかし、聖書は語っていないけれど、第三、第四と続く戒めはあるはずだ、と私はずっと考えています。

マタイによる福音書に次のような一節があります。

マタイによる福音書19：14

しかし、イエスは言われた。「子供たちを来させなさい。わたしのところに来るのを妨げてはならない。天の国はこのような者たちのものである。

イエスの言われる「このような者たち」は誰なのか？　というと、文脈からもちろん、子どもたちが含まれていることはわかりますが、「のような」とありますから、子どもたちだけを指しているわけではありません。おそらく、子どものように、弱いもの、親や他人の庇護を受けなくては生きてはいけないものたちを指しているのだと、私は理解をしました。

このように、肉体的には弱く、親に頼らずには生きて行けない幼子こそ、神の目からすれば最も天国的な存在である、ということなのです。

この観点から、聖書では言葉にされていない第三の戒めを考えてみると、このようになるのではないでしょうか。

「動物を自分のことのように愛せ」

動物は幼子以上に弱い存在です。人間である隣人、他人を愛することより、動物を愛することは、さらに広く大きく高い戒めになり得ることです。

このように考えてくると、「動物を愛する」という第三の戒めの後には、「植物までも愛する」という第四の戒めが続き、最終的には「全ての物質までをも愛する」という、はるかに偉大な戒めに行きつくであろうことは、容易に想像ができるでしょう。

つまり、私たちが神を愛し、人を愛し、さらに、動物や植物、そして、すべての物質、霊魂までも大切に愛するようになって初めて、自分の精神をずっと高いところに導くことが可能になると考えられるのです。

次のマタイによる福音書の聖句が語っているのは、まさにそのことではないかと私は思います。

マタイによる福音書

イエスは言われた。「信仰が薄いからだ。はっきり言っておく。もし、からし種一粒ほどの信仰があれば、この山に向かって、『ここから、あそこに移れ』と命じても、そのとおりになる。あなたがたにできないことは何もない。」17：20

------中略------

イエスはお答えになった。「はっきり言っておく。あなたがたも信仰を持ち、疑わないならば、いちじくの木に起こったようなことができるばかりでなく、この山に向かい、『立ち上がって、海に飛び込め』と言っても、そのとおりになる。21：21
信じて祈るならば、求めるものは何でも得られる。」21：22

信仰があれば、あなたは山に命じて山を動かすこともできるはずだ——イエスはそう語られたとマタイは記しています。

このような超自然的なことがはたして起きるのか？　と、いぶかしく思う方もおられるかもしれませんが、こう考えてみれば、それほど不可思議なことには思われないはずです――私たちが心からそれを愛せるようになったとき、それが物質であれ霊魂であれ、私たちが発する言葉や言霊に応えてくれるようになる、と。

このように愛が大きく育っていくなら、もしかすると、高い段階になるにつれ、もはや「戒め」という呼び名は相応しくなくなってくるかもしれません。神の教えだから、ということではなく、自然に自分の心の奥底から湧き出るような、深い愛に誘われた行動になってくるはずですから。

◆もっとも難解な戒め――「かかと」の謎

聖書が伝える戒めには、神の言葉を受けて私たちが「すぐに理解できるものと、そうではないもの」があるようです。

その言葉が本当は何を意味をしているのか、深く考えてみなくてはならないものを難解な戒めとするなら、聖書の中で「もっとも難解な戒め」は次に引用する聖句にある言葉かもしれません。

蛇の誘惑に負けて、アダムとエバが知恵の木の実を食べてしまった時に、神々が彼らに与えられた言葉です。

創世記
主なる神は、蛇に向かって言われた。「このようなことをしたお前は、あらゆる家畜、あらゆる野の獣の中で呪われるものとなった。お前は、生涯這いまわり、塵を食らう。03：14
お前と女、お前の子孫と女の子孫の間にわたしは敵意を置く。彼はお前の頭を砕き　お前は彼のかかとを砕く。」03：15

聖句の後半に置かれた「彼はお前の頭を砕き　お前は彼のかかとを砕く」という戒めを、みなさんはどう理解されるでしょうか？　用いられている個々の言葉はどれも難しいものではありませんが、この戒めを通じて神々が私たちに何を伝えようとしているのか？　と考えると、理解は一気に困難になってきます。

まず「彼」とは誰を指すのか？　ということですが、これは誘惑に負けて、知恵の木の実を食べてしまったアダムとエバのことだろうと想像がつきます。そこから広げて意味をとれば、アダムとエバの末裔たちすべて、つまり、私たちも含めた全人類を指しているとも考えられます。私はこの聖句全体が、蛇であるサタンと、アダムとエバおよび、その子孫（全人類）に対して与えられた数少ない言葉だと理解をしています（意外に思われるかもしれませんが、実は、神が全人類を対象に語られた聖書の言葉は非常に少ないのです）。

難解なのは最後に出てくる「かかと」です。「かかと」とは何を指しているのでしょうか？

この問いに長い間、私は答えを見つけられずにいたのですが、聖書について語られた本をさまざまあたってみても、的確な読み解きが見つかりません。「かかと」の意味を探し求めているのは、きっと私だけではないのだ、あるいは、世界中の誰もまだ的確な答えを見つけてはいないのではないか、とも思ったりもしたのですが、私なりになんとかその意味をつかみたいと願い、先の章でお話したヤギのメリーさんの病気を治す方法を神に祈った時のように、熱心に神様に祈り、問いかけを続けていたのです。

すると、ある時、難解だったこの言葉の意味が、氷河の氷がゆっくり溶けるように、自然に私の胸に響いてきたのです。

そうか……神は、「アダムとエバ（私たち人類）に蛇（サタン）の頭を砕くこと」を、「蛇にはアダムとエバの「かかと」を噛み砕くことを」お許しになったということであり、これはひとつの預言なのだな、と。

◆蛇が誘惑するとき、人は試され……

この聖句が彼ら（アダムとエバと蛇）に神から与えられたのは、ある出来事が起きてからのことでした。その出来事とは、「蛇がエバとアダムが知恵の木の実を食べてみたくなるように誘惑した」ことです。

サタンである蛇がアダムとエバに働きかけて成功したことは、実はこれだけです。だとすれば、「かかとを砕く」とはこのこと――「人間に食べ物の誘惑を仕掛けること」以外には考えられません。

そう考えてみると、この戒めを縛っていた謎が解けてくるような気がしたのです。

すでに蛇（サタン）はアダムとエバの「かかと」を噛み砕いてしまった、すでにやってしまったことは取り返しがつかないので、神は蛇に対し、やむなく、今後も「かかと」を噛み砕き続けるのを許したのではないか。

しかし、同時に神は、アダムとエバ、つまり人類にもひとつの許しを与えている。それが「蛇の頭を砕く」ことを許す、ということ――。

あくまで私の解釈とお断りした上で、この二つの神の許しを合わせて解釈してみることにしましょう。

まず、サタンである蛇は「人間に食べ物の誘惑を仕掛けること」を神から許されました。食物の誘惑は神から蛇に与えられた、数少ない権利とも言えます。人類はすでにサタンからの食べ物に関する誘惑に負けているので、今後もサタンが誘惑し続けるのは仕方がないと考え、神が許可を与えたと私は考えます。

このことを私たち人間の側から解釈すればどうなるでしょうか。

蛇が食べ物に関する誘惑を仕掛けてくること自体は、神に許されているわけですから、私たちは、原則的には蛇に誘惑されるがまま、何でも食べて良い、と解釈することも可能です。神は、命に関わる中毒性の高いものや、重度の病気になりやすいものを除けば（レビ記11章参照）、食べ物に関してほとんど制限しておられません。麻薬や薬、タバコなども「かかと＝食べ物」の範疇になります。蛇は神から、こうしたすべての食べ物を使って人類を誘惑してもよい、と許可をもらっているのです。

その一方で、蛇が仕掛けてくる誘惑に負けないこと（「蛇の頭を砕く」こと）も神は人に許しています。

では、このことをどのように理解したらいいでしょうか。

私の脳裏に浮かんだのは、エデンの園と福千年との関係です。人類は、知恵の木の実を食べる誘惑に負け、エデンの園を追い出されましたが、福千年の王国に私たちが入るということは、つまり、エデンの園に戻ることだともいえます。

だとすれば、蛇の誘惑に負けたアダムとエバが、エデンの園を追放されたこととは逆のこと、つまり、蛇に「かかとを噛み砕かれることなく」、蛇の誘惑に打ち勝った人類だけが、エデンの園である福千年の世界に入れる、ということを意味しているのではないだろうか——。

◆最も知恵のある者に打ち勝つための知恵

食べ物という、人が生きる上でなくてはならない、魅力的なものを手段として使い、誘惑をかけてくるサタンの化身である蛇。その誘惑を、自らの意思の力で、誘惑を退けられるかどうか?

——これは、神が私たち人類すべてに、投げかけた試練ともいえる戒めではないだろうか。この戒めを預言ととれば、人類がこの「かかと」の意味を理解し、対策を実行できた時、サタンが完全に力を失うと約束されているのではないか……このような思いが自然に私の胸の内に広がってきたとき、この難解な言葉を包みこんでいた謎のベールが、消えていったような気がしたのです。

不思議なことですが、聖書にある謎かけのような文章を解き明かす際には、単純な方法で行うのが、いちばんの方法のようです。これはコリントの信徒への手紙１の１：26〜29にも記されています。もしかすると、私の頭の中がかなり単純な構造であることと、熱心に神に求めたことで、この謎を解けたのかもしれません。

コリントの信徒への手紙１
兄弟たち、あなたがたが召されたときのことを、思い起こしてみなさい。人間的に見て知恵のある者が多かったわけではなく、能力のある者や、家柄のよい者が多かったわけでもありません。01：26
ところが、神は知恵ある者に恥をかかせるため、世の無学な者を選び、力ある者に恥をかかせるため、世の無力な者を選ばれました。01：27
また、神は地位のある者を無力な者とするため、世の無に等しい者、身分の卑しい者や見下げられている者を選ばれたのです。01：28
それは、だれ一人、神の前で誇ることがないようにするためです。01：29

サタンが、かかと＝食べ物を「噛み砕く」許可をもらったことにより、サタンは、計り知れない程大きな力を人類に対して持つことになりました。人類の肉体は、ほぼ一〇〇パーセント近く食べ物と飲み物から構成されています。骨も、肉も、血液も、そして、私たちの思考の司令塔である脳全体も食べ物から作られるのです。広義の食べ物である、麻薬を摂取すると、異常な行動をするようになります。このことも、サタンが誘惑しても良いことになってしまったのです。もちろん、人々を誘惑して偏食をさせることも、同様にサタンが神から許可されたことです。サタンは様々な食べ物を用いた誘惑を通じて、人間に多くの病気を発生させる力を持っている筈なのです。

締めくくりに私のさらなる読み解きをもうひとつ。

創世記３：１は「蛇が最も賢い動物である」と語っています。この言葉をそのまま受け取れば、「蛇の頭を砕く」とは、蛇を実際に殺すことではないとも理解できます。

蛇の頭は知恵の象徴と考えれば、知恵には知恵です。

「蛇の頭を砕く」とは、人類が「知恵によって蛇に打ち勝つ」ということを意味しているとも言えます。

人類と蛇が仲良く過ごすという福千年の預言（イザヤ書11章）が、そのことを暗示しているようにも、私には思えるのです。

第5章

広く宗教をめぐって

神を信じればすべてはうまくいく、というわけでもないのがこの世の難しさです。信じる神様の違いや解釈の違いによって、議論だけならいいのですが、差別が生まれたり、ときには残念なことに、宗教の名を借りた戦争まで起きてしまう……のが現実です。これまでお話ししてきたように、私は神様と聖書を信ずる立場ですが、宗派や教義にとらわれず、自由に発想を羽ばたかせる、言ってみれば「自由信仰者」でもあります。締めくくりの章は、そんな自由信仰者の立場から、キリスト教徒が犯した過ちから、キリスト教と日本の神道の私流比較宗教論まで幅広く、思索の翼を広げてみたいと思います。

1 カトリック教会の罪と罰

◆十字軍遠征とは何だったのか

十字軍――この妖しく魅惑的に響く軍隊の名前は、キリスト教には興味のない方も一度は耳にされていることでしょう。

一〇九五年、「キリスト教の大切な聖地エルサレムをイスラム教徒たちの手から取り返すため」という旗の下に、カトリック教会の信徒を中心にした軍が組織され、聖地エルサレムへの侵攻が行われました。キリスト教徒のシンボルである十字から、十字軍と呼ばれたこの聖なる軍隊の侵攻は、それから二〇〇年近く断続的に続き、世界史にくっきりと悲劇的な刻印を残しました。キリスト教の十字の旗の下に、どれだけ大勢のイスラム教徒が虐殺されたのだろうか、と暗澹たる気持ちになります。

カトリック教会としては、聖地を他国の異教徒たちに支配された状態にしておくことは、我慢がならなかったのでしょう。非常に残念なことですが、十字軍はほぼ全員キリスト教徒です。にもかかわらず、「敵をも愛しなさい」と説いたイエスの根本的な教え（マタイによる福音書5：43～48参照）から大きく逸脱し、イスラム教徒を異教徒として、耳や目をふさぎたくなるような残酷な方法で殺したといわれ、一説では犠牲者は一〇〇万人を遥かに越えていたと伝えられています。

しかし、十字軍派遣当時、イスラム教徒にとっても、聖書は大切な教典だったことは前にもお話しした通りです。つまり、聖書を信じるカトリック教徒が、同じく聖書を信じるイスラム教徒の人々を殺したのです。しかも、カトリック教会は過去にエルサレムの聖地を専有していたことがあるわけではなく、突然やって来て、そこに住んでいたイスラム教徒を惨殺し、聖書にゆかりのある土地を奪い取った、というのが実情のようです。

すでにカトリックの教皇は、自分たちの教会が犯した大きな過ちを公式に謝罪していますが、この出来事は、イスラム教がカトリック教会とカトリック教徒を許せない大きな原因となったことは、歴史が証明する残念な事実でもあります。

◆カトリック教会から「預言者」が消えたこと

十字軍以外にキリスト教が関わった過去の紛争――。

カトリックとプロテスタント教会との間の紛争が、米国の独立に発展した経緯がありますし、アイルランドでも、つい最近まで、カトリックとプロテスタントの激しい内戦が続いていました。同じ人種であり、どちらも一つの聖書を信じるキリスト教徒であるにもかかわらず、激しい戦いによって大勢の人々が殺されたのです。

なぜ、同じ神を信じる人たちの間で、命を奪い合うような諍いが起きたのか?

この重い問いかけを我がこととして引き受けながら、キリスト教教会の母体ともいえるカトリックの歴史を検証してみて、嘆息とともに思い至ったことがひとつあります。

それは、カトリックの組織から、「神の預言者」の存在があるときから消えてしまったことが、大きな影響を与えたのではないか――。

カトリックはヨーロッパに渡ったペトロとパウロの二人の使徒が礎を築き、ユダヤ人から見て異邦人であるヨーロッパ人（白人種）の間に興されました。

しかし、その始まりを築いた二人の使徒たちは、ローマ帝国のネロ皇帝の迫害を受けて殉教し

（紀元一世紀）、カトリックの礎を築いた二人の使徒は、ヨーロッパから姿を消しました。彼らの殉教後も、キリスト教の教えは、信徒の間に伝えられてはいましたが、数々の点で、ローマ帝国と妥協しなければならず、カトリックの組織の中から、神と人の間に立つ「使徒＝預言者」と呼ばれる人々は、絶えて存在しなくなったのです。

預言者という存在が消えてしまったこと。そして、信徒が「神の声を直接聞くことができなくなった」こと――このことは歴史に記録されている以上に、大きな負の影響を、信徒の間に残した出来事ではなかったのかと私は思います。

「神の声を直接聞くことができなくなった」ということは、以後、人間の間ですべての問題を解決しなくてはならなくなった、ということを意味します。それがゆえに、本来のキリスト教の愛の教えから外れた、罪深い「人間の業」を重ねることになったのではないでしょうか。

◆あまりに人間的であったがゆえに……

十字軍以外にも、歴史の記録に残されたカトリック教会の過ちは少なくありません。地動説を唱える科学者たちの迫害、魔女狩りなどに見られる、偏見に満ちた宗教裁判……中でもとりわけ罪深い過ちは、スペイン軍による中南米インディオの大量殺害でしょう。

スペイン軍に大きな影響力を持つカトリック教会は、中南米での大規模で残虐な殺戮をやめさせなかったばかりか、インディオから奪った金銀宝石を母国に持ち帰り、教会を華やかに飾りました。聖職者たちは、アステカやインカの文明が悪魔から来ているとし、記録を焚書にしたり、アステカやインカの文明の言語を禁止したりするなど自分たちの文化を現地人に強制し、完全に文明を滅ぼしたといわれます。

他にも、カトリック教会は免罪符を発行するなど、福音の精神からまったく外れた非人道的な行為を長年続けました。もちろん、それらの蛮行に関して、すでにローマ法王（教皇）から、正式な謝罪がなされていますが、幾度もの許しがたい大量殺戮が、教会が主体となって行われていたのは事実なのです。


このようにカトリック教会の歴史に残る過ちを列挙しながら、一方でこう形容するのも矛盾するようですが、良い意味でも悪い意味でも、「カトリックは極めて人間的な教会」であるように私には見えます。神ではなく「人間が決めたり取り入れたり」と思われるようなことがいくつもカトリックの正式な教義として継承されてきているのです。

たとえば、安息日を土曜日から日曜日に変更したこと、キリストの誕生日（クリスマス）をミトラ神の誕生日であった十二月二五日に変えたこと（十二月には野宿は不可能です。本当は、羊飼いが野宿できる時期、現在のカレンダーでいうなら、おそらく三月から五月にかけての春にキリストは生まれたのでしょう）、現在の法王（教皇）の服装のこと、などに当時のローマ帝国の宗教であったと言われるミトラ教の影響があるのではないか、ということがいわれていますが、「人間的」と言うなら、やはりこの疑惑（と私は考えますが）は避けて通れないでしょう。

先の章でも触れましたが、キリスト教における三位一体の思想です。

本書のはじまり、エルサレムへの旅の中でも触れたように、聖書にある神を表す言葉、エロヒムはヘブライ語で複数形ですし、そもそもキリスト教では、天父と御子と聖霊の三柱の神々が別々に存在していたのです。次の項で詳しく論じますが、復活したキリストは肉体を持っていましたが、聖霊は肉体を持たない霊の神ですから、神々の心は一つであったとしても、まったく別の神々なのです。ところが、西暦三二五年のニケア公会議の結果、三位一体の思想が正式にカトリックの教義として採用された、という経緯があるのです。

原始キリスト教の時代にはなかったと思われる思想が、後で付け加えられたという意味では、まさに「人間的」であり、聖書の誤りの少なくとも一部は、カトリック教会の人間たちによって作り出されたものと言えるのでは、と私は考えています。

ただ、誤解していただきたくないのですが、私はカトリック教会のカトリック教徒が悪い人であるという意味でこういう指摘をしているわけではありません。

たくさんの過ちを犯したカトリック教会にも、たくさんの素晴らしい方々がおられたのも事実です。マザー・テレサや、アッシジの聖フランチェスコは、私が心から尊敬するカトリック教会の偉人です。

現在のカトリック教会では、過去の度重なる大きな失敗に懲りて、正しい教会の運営を行っていると信じています。

2 「一神教」について

◆「神」か、「神々」か

聖書の神は、一神か、それとも神々なのか？

聖書から出発した世界的宗教である、ユダヤ教、キリスト教、イスラム教を信ずる人たちにいまこんな質問を投げかけたら、かなり怒りを買うことになるかもしれません。

おそらく「我が神は一神に決まっている！」と断言されることでしょう。

しかし、聖書と神を信じるということでは同じ立場ながら、私はそのことにあまりこだわりがありません。正直なところ、神がおひとりか、神々かということは、さほど大きな問題ではない、と思っているのです。

本書の序、「エルサレムの旅」の中でも紹介したように、私はかつて、現地のユダヤ教を信ずる人と、この問いをめぐって対話したことがあります。三十年ほど前のことです。そのときから聖書の神さまは、ごく自然に複数の神々であるように感じてきました。

一方で、聖書を読んでいると、ときに神様がお一方《ひとかた》であるように、ときに複数おられるように感じることもあります。たとえばこういう一節を読んだときです。

ヨハネによる福音書

「わたしと父とは一つである。」10：30

イエスは言われた。「フィリポ、こんなに長い間一緒にいるのに、わたしが分かっていないのか。わたしを見た者は、父を見たのだ。なぜ、『わたしたちに御父をお示しください』と言うのか。14：09

わたしが父の内におり、父がわたしの内におられることを、信じないのか。わたしがあなたがたに言う言葉は、自分から話しているのではない。わたしの内におられる父が、その業を行っておられるのである。14：10

わたしが父の内におり、父がわたしの内におられると、わたしが言うのを信じなさい。もしそれを信じないなら、業そのものによって信じなさい。」14：11

イエスが「父」である神と自分との関係を語られている一節です。

「父がわたしの内にいる」ということを重くみればイエスと父は一体、つまり神はお一方ともいえますが、「父という存在をイエスが認識している」ことがすでに、別々の存在であることを示している、ともいえますから、そのことを重くみれば、神々とも考えられるのではないでしょうか。同じ聖句でも読み方によって、一神教か多神教か、受け取る印象は異なってくるのです。

◆私たちは預言者ではない

私は、この一神教と多神教の違いを、聖書からちょっと離れて、別の視点から考えてみることがあります。

たとえば、宇宙に際限があると仮定した場合と、宇宙が無限であるとした場合では、神のあり方は変わってくるような気がするのです。

限りがある宇宙という、一つの全体をひとりの神様が司るということは、あり得ることで問題ないと思うのですが、もし宇宙が無限に広がっているとしたら、ひとりの神さまが無限の広がりある宇宙を統括できるだろうか？　この場合は、多神と考えたほうが無理がないのではないか。

そんなふうに考えます。

人類の進歩、という観点から考えてみることもあります。

人類の進歩が神々よりも遥かに劣ったところで止まる、と考えるのであれば、輪廻転生の概念のない一神教で問題がないでしょう。しかし、人類が輪廻転生を重ね、やがて神々の高みにのぼることが可能であると考えるならば、多神教の概念を持つ必要があります。

人類がどちらの可能性を信じるかで、多神教が正しいのか、一神教が正しいのかが決まるのではないか――私はこのように考えたりもするのですが、しかし、問題は現在の私たち人間のあり方です。戦争ばかりを繰り返すような、知恵に欠けた、神々がおられる場所よりも、霊的レベルの低い世界にいるのがいまの私たちです。

私たちは不完全で、多くは神の声を直接に聞くことができる預言者ではなく、これが絶対的に正しい、間違いなくこれが真理であるという、神が直接、私たちに教えてくださる真理を知る段階にまではたどり着いていないのです。運が良ければ、偶然、神の真理に到達できるかもしれませんが、どんな立派な聖職者の説も、神々から直接教えを受けていない限り、間違いだらけの仮説にすぎない可能性があることを心に留めておく必要がある、ということです。

ひとことで言えば、「一神教が正しいのか、多神教が正しいのか」ということにも、私たち人間が出した答えには、絶対の正しさはない、ということです。どちらでも、その人なりに自由に考えて選択をして良い、と私が考えるのはそういう理由からなのですが、ただ、だからこそ、自分の考えることが絶対の真理ではないからこそ、私たちはつねに自分とは異なる意見を尊重し、より多くの学びを得ようと努力する必要があるのだろうとも思います。

◆一でも多でも神のみわざはひとつ

さらに別の角度から、というより、あたりまえのことをそのまま見た場合ということですが、神のありようをどう頭で考えてみたとしても、実際に私たちが受け取る「神のみわざ」が違って見えるわけではありません。どう考えようと、実際は相変わらず、あたかもお一方の神の指示によって行われているように見えているのも事実です。

天父と御子と聖霊、御三方の神々からのバラバラな指示系統は存在していませんから、神はお一方であると主張する方々の意見も、理解することができます。実際に、多神という考えに自然な親しみを持っている私も、祈りはつねに御子イエスを通して捧げられます。困った時に「天父と御子と聖霊よ、どうかお助け下さい」と祈ることは絶対にありません。「神よ、お助け下さい」

と、お一方の神に助けを叫び求めます。

このように、私自身は一神教でも多神教でも問題がないのですが、一神教であることを神の声と考え、それが絶対であるとしてしまうことの危うさは、先に触れたカトリック教会の過ちを振り返るまでもなく、現在起きている国際的な紛争を見ても明らかで、みなさんもよくご存知の通りのことです。

違う宗教観や世界観を持つ相手の存在意義そのものまでを否定してしまうような、そういう極端な考えに、一神教は傾向として陥りやすいのではないか、とも思います。イエスがあれほど愛を説いているにも関わらず、イエスという存在を絶対視した途端、イエスの説く愛はイエスを我が神とする民だけのもの、になってしまうという、極めて残念な矛盾が起きてしまうということなのでしょう。

ですから、私は福千年や天国は、必ずや多神教的であろうという、私流の独特の仮説を立てています。

序で触れたように、聖書の天地創造の最初に登場する神であるヘブライ語の「エロヒム」という単語は、本来「複数の神々」という意味なのです。天地創造の2章からは、主なる神（ヤハウェ）

が登場しますが、私は天地創造というはじまりのときに、神々の世界にもっとも近い存在であるエデンの園にも、複数の神々がおられたのだろうと考えています。福千年は、そのエデンの園の発展的な再現ともいえますから、そこではやはり、多神教になるのではないでしょうか。

実際、福千年には、肉体的、霊的に全ての能力が進化し、優秀な人々が現れてくるだろうと思います。そういう方々が、神々の一員、あるいは天使の一員に加えられるようになるかもしれません。そうなれば、新人の神様や天使がたくさん存在しているような状況ともいえますから、おのずと多神教的な世界になる、とも期待できます。

◆「自分も人も正しく」共に生きられる世界へ向かって

一神教的な考え方の怖いところ、油断してはならないところは、「自分だけが正しい」という考えに、知らず知らずのうちに取り憑かれてしまうことかもしれません。かくいう私も、こうして一神と多神について論じていると、自分だけが正しいという言葉になって、みなさんに聞こえているのではないかと懸念しますが、もしそうだとしたら、それでは自らが一神教の罠に陥ってしまっていることになります。そこは注意深く自戒しなくてはならないところです。

一神教も多神教も、それぞれに良さと欠点を内包しているはずなのです。先入観を持たずに「一神教と多神教の世界観それぞれの良さと欠点を学ぶこと」こそが、天国の生き方ではないでしょうか。

私自身も、聖書を学びながら神道や仏教を学んでいますが、仏教の禅の世界では、何よりも「無」に意識を向けることが求められます。「無」の世界は、自分や自己を意識して「滅する」ことであり、同時に自分に起きている何もかもをありのままに尊重して、感謝して受ける姿勢を貫くことでもあります。私は禅の精神や姿勢は、極めて福千年の世界に近いと考えています。

典型的な多神教である、ヒンズー教の礼拝に参加したこともあります。ヒンズー教では主神シバ神の他に「仏陀」も自分たちヒンズー教の神として堂々と崇めていますし、いつの時代からか「イエス・キリスト」もヒンズー教の神の一人としてしっかりと組み入れられ、信者から崇められているのです。まさに多神教の世界観です。

礼拝では、瞑想を熱心に行う修行者である「サドゥー」と呼ばれる、ヒンズー教徒の中でもとくに熱心な人々の生き方に強い共感を覚えました。ヒンズー教徒の多くは、瞑想を通じて自分自身の中に神の声や神の存在を求める、争いを好まない菜食主義の人々です。死に至るまで、つねに質素に生きた、菜食主義で熱心なヒンズー教徒であるガンジーの生き方は、私の理想とする生き方でもあります。

この宗教が唯一正しい、この神が唯一無二の神である……神を信じる気持ちが強い人ほど、こう強く語りたくなるのかもしれません。しかし、この地球上には、一神教も多神教も、さまざまに存在しています。言葉では否定できても、存在しているものが消えるわけではありません。

この人々やこの地域にはこのことを教えよう、別の人々や別の地域には、別のことを教えよう……神々はこう考えたのではないでしょうか。たくさんの選択肢の中から、人類が自分に最も合うことを選び出せるようにして下さっているように、私には思えます。

人それぞれが自由意思により、知恵を用いて選ぶことができる仕組みを、神は用意されたともいえます。だとすれば、この仕組みを使い、人類が世界中の知恵を結集すれば、紛争に象徴されるような、今の世界が直面してる難題を解く道が、見つかるかもしれません。

それはおのずと、私たちを、より神々の場所に近い天国的な世界へと、誘ってくれるのではないでしょうか。

どんな宗教であっても、熱心に平和を求めるものであるならば、将来は神の世界が開け、やがて人々の心からの熱心な祈りにより、互いの宗教同士が強い絆で繋るようになる――そんな夢のような希望を私は抱いているのですが、みなさんはどうでしょうか。

◆賛美歌「いつくしみ深き」に想うこと

ところで、みなさんは「いつくしみ深き」という賛美歌をご存知でしょうか。題名は知らなくとも、「いつくしみ深き　友なるイエスは、罪咎憂い（つみ・とが・うれい）を取り去りたもう」という有名な一節で始まる旋律を聞けば、「ああ、あの歌か」と笑顔になる方が多いのではないかと思います。

カトリック、プロテスタントを問わずよく歌われる、人気のある賛美歌の一つなのですが、この賛美歌の詞の元になったと思われる聖句について、私はずっとある思いを抱いてきました。聖書における一神教と多神教の理解につながる興味深い一節のように思われてならなかったのです。元になったと思われるのはヨハネによる福音書の中の次の聖句です。

ヨハネによる福音書
わたしがあなたがたを愛したように、互いに愛し合いなさい。これがわたしの掟である。
15：12
友のために自分の命を捨てること、これ以上に大きな愛はない。15：13
わたしの命じることを行うならば、あなたがたはわたしの友である。15：14

もはや、わたしはあなたがたを僕（しもべ）とは呼ばない。僕は主人が何をしているか知らないからである。わたしはあなたがたを友と呼ぶ。父から聞いたことをすべてあなたがたに知らせたからである。15：15

「わたしはあなたがたを僕とは呼ばない……あなたがたを友と呼ぶ」という一節に少しの間、目を留めてください。ここでイエスは、「あなたがた」、つまり、「私たち」を「友と呼ぶ」と語っています。

この一節に私は惹きつけられました。神が人間であるわたしたちを友と認めている。これはどういうことか？　と。

友というのは対等な間柄の中に成り立つ関係ですから、本来、神が友と呼べるのは同じ対等な存在である神に対してだけであって、人間が人間という段階にある限り、神はそのまま人間を友とは呼べないはずなのです。

ところが、イエスは「わたしの命じることを行うならば」という条件つきではありますが、「あなたがたはわたしの友である」とはっきりと言い切っておられるのです。

さて、このことを、神と人間の関係に置き換えて解釈をしてみると、こうなるのではないでしょうか。

神が人間を「友」という存在として認めている。それはつまり、人間も神と同じ存在になれるということ――。

つまり、この聖句は、私たちが、将来、神の僕（しもべ）ではなく、神と同等の立場である「神の友になれる」、そのことを教えてくれているのではないか。イエスが教えられた福音の本来の思想は、人々も将来神々となれる可能性を秘めているということ、すなわち、多神教の思想だったのではないか？――そう私は考えたのです。

しかし、「神と友になれる」という言葉がなぜ多神教の思想を表しているといえるのか？――そんな疑問を持たれる方もいるかもしれません。それはこういうことです。

一神教と多神教の違いについては、私なりにさまざま学んできたのですが、その中で、これは際立つ違いであると思われたことのひとつは、人間という存在に対する見方の違いです。

一神教では、当然ながら「唯一の神」しか存在しません。このことは、人間は、どんなに頑張っても、絶対に神にはなれない、ということも意味します。つまり、一神教においては、人間は、永遠に、神の足元にも及ばない存在のままなのです。

ところが、もう一方の多神教では、多くの場合、人間も正しい生き方をし、研鑽を積めば、将来いつの日か神になることができると主張する傾向（すべての多神教を研究したわけではありませんので断定は避けます）があるように思います。

たとえば、神道でいわれる遠津御祖神《とおつみおやのかみ》は、私たち自身を含む先祖たちが、将来、あるいは、今現在も既に神々として人々の救いの業に働くようになっていると主張していますし、仏教は名前こそ神ではありませんが、悟りを啓き、解脱をした仏陀のように、菩薩とか、如来になっていますが、私自身の言葉では、仏陀は神々の一柱になったと思えるのです。

こう考えてくると、「あなたがたはわたしの友である」と語られたイエスは、多神教的な世界観を持つ方ではなかったのか、という推察が自然に生まれてくるように思います。

元来、多神教指向が強い私ですが、多神はすべて同格ではなく、イエスの更に上の立場に、父なる神の存在があるように、実際は、格の異なる神々が存在しているのであろうとも思っています。ちょうど、神道がそうであるようにです。

様々な役割の異なる神々が存在しているのでしょう。聖霊のように、肉体を持たない神もおられるのです。神道でも、古事記の最初に登場する数柱の神々は、独神（ひとりがみ）であり、肉体も、性の区別もありません。

一見、矛盾するように見えるかもしれませんが、もし、神々を統一する神が、神々の上におられるのであれば、聖書では明らかにされていませんが、最高神の存在という一神教の教えに近い教えや思想も、まったくの間違いではないと思うのです。

もちろん、最高神が一柱であるのか、複数である可能性が存在するのかは、あまりにも高度な世界のことなので、現在の私には知る由もありませんが、神々の心は一つなので、一柱の神のように見えるでしょう。

そんなわけで、私自身は、基本的には、多神教を信じていますが、深く神々の世界を探れば、一神教的な傾向が存在する意味も否定できないと考えているのです。

私自身にとっては、結論を言えば、一神教でも、多神教でもどちらも正解であろうと考えているのです。一つの真理の存在を眺める角度が、「人によって異なっている」だけの主張の違いであろうと思っているのです。

3 どの宗教が正しいのか

◆世界には数え切れないほどの宗教宗派が存在している

世界には様々な宗教が存在し、まるで、互いに競い合っているかのように見えます。最も多くの人々が信仰しているのは、キリスト教、その次がイスラム教といわれていますが、イスラム教徒の人口は急激に増加しているので、近い将来、最も多くなるかもしれません。

一方、日本国内の宗教はというと、人口減少や高齢化の影響で、過去の勢いがなくなり、栄枯盛衰の感を強めている宗教もあります。

日本で最も信者数の多い宗教は神道といわれていますが、神道の場合、氏子の数を信者の数とせず、「初詣で参拝に訪れる人数」を信者として数える場合もあり、信者数をカウントするためのはっきりとした基準はありません。何を基準にするかで信者の数は変わってくるでしょう。

檀家を抱えている仏教も、神道と同様に信者数が多いのですが、神道と異なり、宗派がはっきりと分かれています。仏教系宗教の中では、幸福の科学や創価学会などの信者数が多いようです。

宗教の信者数には、日本人の独特の宗教観がよく表れているように感じます。登録された全宗教の信者数の合計が、日本の人口を大きく超えているのです。これは、たとえば、「自分は仏教と神道の両方を信じています」という人が少なくないことを示しています。みなさんにも心当たりがあるのではないでしょうか。他の国々にも同じように考える人はいるかもしれませんが、少なくともキリスト教の場合、自分はカトリックの信者でありプロテスタントの信者でもあるという人はまずいないでしょう。

では、キリスト教系の信者数は？　というと、神道系や仏教系と比べると、ずっと少なくなります。登録上は世界基督教統一神霊協会とカトリック教会が多いのですが、どちらも一〇〇万人にまったく届いていません。

神道系や仏教系、キリスト教系以外にも、諸教と分類される宗教は日本には数多く存在しています。諸教の中では天理教や世界救世教、パーフェクトリバティ教団などの信者数が多く、キリスト教系よりもずっと多いようです。

その他の小規模の宗教を含めると、数百の宗教団体が存在しているものとみられています。

同様に、世界中にもたくさんの宗教が存在しており、たとえば、米国のプロテスタント教会の宗派だけでも数百といわれていますから、これら世界中の宗教宗派をすべてカウントすることは、相当に難しいことだと思われます。

それほど、世界には宗教が溢れている、ということでもあるのですが、このことは宗教の教えに、切実に触れたいと願っている人に、ある難問を提出することになります。

◆自分が求める宗教を自分で選ぶために

「どの宗教が自分の求める宗教なのか?」

いまお話したように、世界には無数と呼べるほどの宗教があるのですから、これは難問です。宗教を客観的に選び出すのは、ほぼ不可能に近いことといってもよいかもしれません。

そう考えると、私たちが特定の宗教に強く興味を持つことは、一種の縁でもあるような気がしてきます。実際に多くの人が、不思議な縁によって特定の宗教に導かれているのではないでしょうか。

しかし、縁による導きとするだけでは済ませられない、深刻な状況に陥る場合もあります。宗教の洗脳的な行為よって人格を変えられ、生涯にわたり呪縛のようなものから解き放たれなくなってしまう場合もあるのです。

残念ながら、世の中には悪意ある宗教団体や、お金儲けだけに熱心な宗教が、多数存在しているのです。

ですから、どの宗教が正しいのか、どの宗教を選び、属するかということを、自らで慎重に考えて選ぶことは大切なことです。もちろん、無宗教で生きるのも選択肢の一つですが、いずれにせよ、何を選択をするかを決める前に、それぞれの宗教が持つ特性について、考えておくことは役に立つことだと思います。

たとえば、一般的に、宗教組織の結束力は、強い指導者やカリスマ性のある人物、預言者や審《さ》神者《にわ》的な人物、または悟りを啓いた人物などを核にすることができるかどうか――このことによって、大きく変わってきます。核になる人物のいる組織の強みは、心の師がいる限り、弟子たちは組織から離れないということです。ところが、逆に、その核となる人物を失ったときには、弟子の間で分裂騒動が起きるケースがよくみられます。人に求心力を恃むことは、諸刃の剣になるということです。

そのことを、一神教を奉じる組織はよくわかっているのでしょう。強い指導者が存在しなくても宗教の組織をしっかりと存続することができるように、一種の安全装置とも呼べるような、便利な仕組みを備えています。

それは、「自分の信じている宗教以外の、あらゆる存在価値を全否定すること」です。多くの一神教が時代を越えて生き続けられるエネルギー源として、この仕組みを利用していると言うと、やや言い過ぎになるかもしれませんが、少なくとも、私にはそう見えます。

他を否定することで、自分が信じる以外の宗教はすべて誤りであり、この道を選択するしか残されていないとすれば、その宗教を信じる力は強められ、他人にも主張することができるようになるでしょう。

こうして一神教の多くは、守りの姿勢を貫こうとするのだと思います。

◆アダムとエバの罪をどう考えるのか

しかし、これを聖書の表現をもってたとえるならば、まるで、アダムとエバが知恵の木の実を食べることを厳重に禁じているかのようです。

アダムとエバは、神から禁じられた知恵の木の実を食べるという過ちを犯し、人類に死をもたらしてしまいました。このことを、非常に残念な出来事だと考えるのが一神教です。神の教えに背いて、蛇の誘いに乗ったのは、異教徒の誘いに乗ったことに相応するとも考えられるでしょう。

確かに、アダムとエバが知恵の木の実を食べなければ、二人は永遠に生き続けることができたかもしれません。しかし、そのままの彼らには、知恵が不足していましたから、自分たちの子どもをもうけ、育てることはできなかったはずです。そう考えれば、彼らが禁じられた知恵の木の実を食べてくれたがゆえに、私もあなたも、地球上に生きている七十五億人すべてが、現在、存在することができている、と考えることもできます。

もう少し、連想を流れのままにお話すると、エデンの園で食べることを彼らか許されていたのは、木の実や、野菜や、穀物など植物性の食べ物でしたから（創世記１：29参照）、もしもそのまま二人がエデンの園に住み続けていたなら、魚や肉、乳製品などを食べる経験はできなかったでしょう。

加えて、つねに裸で暮らしているわけですから、おしゃれや化粧を楽しむ概念もありません。何より、知恵に不足しているということは、心から人を愛したり尊敬したりすることの幸福感や、親になる喜びなども経験できなかったであろう、ということは容易に想像できます。

質素な生活は素晴らしいですが、心の中で冒険がまったくできない生き方は、多くの人にとって退屈なものになってしまうのではないでしょうか。

このように、自分たちが信じる一神教を「守る」という姿勢で考えていくと、どうしてもエデンの園の内部のような生活を信者に求める傾向が強くなります。結果的に内部の規則が強まり、規則を破った場合の罰則が厳しくなるのです。

一神教の最大の欠点は――こう言うと強く響きすぎるかもしれませんが、あえてはっきりと私の考えを記すなら、他の宗教が力を持つことに否定的になることではないか、そう思うのです。自分たちの宗教だけが正しいのですから、他の宗教は存在しているだけで悪魔のようなものです。悪魔同様の他の宗教が力をふるうことは絶対に許せない――こういう考えが生まれてくるのも致し方ないような気がします。

こうして、一神教は他の宗教に対して寛容さを失うと、いつの間にか「戦う宗教」となって、いざ事が起これば、異教徒の財産や命までも平気で略奪するようになります。

他教の信者は悪魔の手下ですから、命や財産を奪っても神は許して下さる、心に咎めを受ける必要はないと考えるようにもなるでしょう。

この点、多神教的世界観は、考え方の基礎に「多くの神々」をおくわけですから、排他的にしたくても原理的にそうできない、ということになります。

神さまの数にあまりこだわりのない私の場合は、エデンの園で蛇がエバを誘惑してくれたことに感謝する気持ちを持っています。私が人生を楽しめたのも、良い両親に育てられたのも、すべて、蛇がエバを誘惑してくれたことが発端であり、そのおかげで今の幸せを感じられていると思うからです。きっと、ふだんから多神教の世界観で聖書を読んでいるせいかもしれません。

前にも紹介したイザヤ書の記述にもあるように、サタンの化身とみられた蛇とも私たちは、福千年が来れば、心から愛しあえる良き友人関係になれるのです。

イザヤ書11：08
乳飲み子は毒蛇の穴に戯れ／幼子は蝮の巣に手を入れる。

神様はお一方だから、他の神様を排除していいと考えるのは、聖書を読む人間の側の考えであって、「汝の敵を愛せ」と言っておられるのは聖書の中のイエスです。

◆神の普遍的な精神はどの宗教にも宿っている

では、一体、どの宗教が正しいのですか？

宗教を信じることの危うさを知ってしまうと、そう自問自答したくなる気持ちになります。本当に信じられる、正しい教えを持った宗教があるのかどうか、と。

私も長い間、自分に問いかけてきたのですが、いまはこのように考えています。

キリスト教も神道も仏教も、それぞれが偉大な神々の真理を持っているのだ、と。

ですから、神道や仏教を信じるという方には、聖書を読むことをお勧めし、キリスト教徒の方々には、座禅を組み、無の境地での瞑想をすることをお勧めします。座禅は肉体的に楽ではありませんが、その苦しみの中から無の境地を求め続けることに意味があると感じられるからです。

神道のお祓い奏上を注意深く聴いてみるのも良いことでしょう。心の中で、言葉にできない何かを感じられるように思えます。神道も「中今《なかいま》」と呼ばれる、高次の世界を体験するのに導いてくれます。

お腹が一杯の状態で、また、賑やかにお酒を飲み交わすバーの中で、自分の心を無にするための瞑想をするのは至難の業です。時には喧騒を離れ、千年以上続く日本の伝統である無の境地を試してみるのも、悪くない経験になることでしょう。

静かな場所で行う座禅の精神と、旧約聖書にあるコヘレトの言葉には、どちらも、「無」や「空」で表されるような、人間の心が向かうべき場所が示されている、と感じさせてくれるものがあり、宗教を越えて「真理」が存在していることを、実感させてくれるものでもあります。

もちろん、神道と聖書の間にも、同じ精神が宿っているように感じます。神々は、永遠の真理を、あちらの宗教にもこちらの宗教にも、少しずつ、違う形で教えられたのだろう――。いろいろな宗教を我が身を通して学んでいくと、自然にそう感じられるようになるのではないでしょうか。

正面から見ただけでは、その人のすべてを理解することはできません。その人を本当に知るためには横から見ることも必要ですし、後から見ることも必要でしょう。それ以上に、会話をしながらその人の心を知らなければ、その人を知ったことにはならず、それは宗教を理解する上でも同じでしょう。

多くの宗教が素晴らしい真理を持っています。しかし、正面から見ただけでは、その真理を全て知ることは不可能です。もしかすると、純粋な人ほど正面からしか見ることができないかもしれません。たとえば、聖書を正面から見ると、蛇は正真正銘の悪魔です。しかし福千年では、イザヤ書11章が示すように、蛇は子どもたちのよき遊び相手となっているのです。この記述は、蛇が人間の友として、天国にいるということを意味しています。

実は、蛇はモーセの時代にも救いを行う大切なシンボルでした。

民数記
主はモーセに言われた。「あなたは炎の蛇を造り、旗竿の先に掲げよ。蛇にかまれた者がそれを見上げれば、命を得る。」21：08
モーセは青銅で一つの蛇を造り、旗竿の先に掲げた。蛇が人をかんでも、その人が青銅の蛇を仰ぐと、命を得た。21：09

蛇は、聖書にだけではなく、日本の神社にも登場する、ある意味、聖なる動物です。真偽は定かではありませんが、古い日本の神社の多くには、蛇が祀られていると言います。神社のしめ縄は蛇を表し、お正月に飾る「鏡餅」は、元々は白い蛇がとぐろを巻いている形を表すもの、とも聞きます。

このように、聖書だけでなく、様々な宗教を、正面からだけ眺めるのではなく、横や後から、可能であれば上からも眺める必要があります。そして、堂々と質問をして、自分が求めている宝物を持っているかどうかを確かめてから、信仰や所属を決めるべきだと思うのです。
私は、聖書の勉強を続けながら神道の教えも極めたいと考えていますし、仏教の神髄に相当する部分にも接したいと考えています。もしも、私が若かったなら、ヒンズー教やイスラム教、そして、チベット密教などにも、ある程度のところまで接してみたかった、とさえ思います。

こうしたすべての宗教は、福千年が来れば、一つの神の真理にまとまることでしょう。しかし、そうなったとしても、ある人には福千年の世界は、仏教的に見えるかもしれませんし、別の人には、福千年の世界は、ヒンズー教的に感じられるかもしれません。天国にも、それぞれの人が地上で培った個性は存在しているからです。そのときの神々の世界は強制がなく、天国は時に軽い冗談を話せるような、かなり緩やかなものであろうとも思います。

私たちは、福千年や天国で、神はこんなにも多様性を認め、穏やかで自由な雰囲気の場所で、様々な方法を用いながら人々を導いておられていたのだ、ということを改めて知り、ただただ驚くことになるのではないでしょうか。

さて。もし私が「どの宗教が正しいと思いますか？」と問われたなら、こう答えようと考えているのですが、どうでしょうか。

「神が公平である以上、その真理は一か所にだけ存在するのではなく、世界中のどこの場所であっても義人たちを守るでしょう。また、信仰深く熱心に求める人には、国籍や人種を問わず誰にでも惜しみなく教えられるはずです」、と。

4 聖書は今に生きている書物

◆世界平和の実現が困難な理由は何か

みなさんは、どのようにお考えでしょうか？

なぜ、ユダヤ教とイスラム教は、数百年以上もの長い間、対立しているのか？　なぜ、キリスト教とイスラム教は数百年もの間、仲良くできていないのか？　世の中にこれほど不思議なことも少ないかもしれません。なにしろ、この三つの宗教はどれも同じ聖書をルーツとする宗教なのですから。

たとえば、聖書にはこうあります。

「偉大な指導者ヤコブ（＝イスラエル）の民は、神から選ばれた民として特別な祝福と役割が

与えられた」（創世記27：29参照）

ヤコブには子どもが十二人いたと伝えられていますが、そのうち四番目の子どもにあたるユダの子孫が正当なユダヤ人とされています。

一方、イスラム教徒であるパレスチナ人やアラブ人は、ヤコブの双子の兄弟であるエサウの子孫といわれ、現在も、彼らの多くが、自分の祖先は聖書に記されている、偉大な「アブラハム（エサウとヤコブの祖父）」であると主張しています。

つまり、ユダヤ人もイスラム教徒の多くも、どちらもアブラハムの子孫なのです。

このようにルーツを同じくする三つの世界的な宗教の間に、残念なことに大きな溝が生じてから、ずいぶん長い年月が経ち、いまだに解決の糸口すら見えない、という状況が続いているのです。

原因はいったいどこにあるのでしょうか？

私なりの結論をひとことで言うなら、「両者が聖書を自分に都合がよいように解釈し、互いに自分の解釈が正しいと信じているから」ということになるのですが、もう少し具体的にお話したほうが、聖書にあまり馴染みのない方には納得いただけるかもしれません。

◆数千年前のエサウの恨み、三つの宗教のひとつの聖地……

エサウとヤコブの父は、アブラハムの子どもであるイサクです。そして何度もお話ししているように、二人は双子の兄弟です。兄弟のうち、長子はエサウですから、偉大なアブラハムの祝福を受け継ぐ後継者となる権利は当然エサウにあったのですが、ヤコブ（＝イスラエル）が食べ物を用いて巧妙にエサウの長子権を奪ってしまうのです（創世記25章参照）。

エサウがヤコブに対して恨みを抱くのも無理はありません。しかし、それでも、二人のそうした感情の行き違いが、聖書という書物の中だけで語られているうちは火種になることもなかったはずですが、エサウの子孫を自認するイスラム教徒としては、そうはいかないぞ、ということになります。

エサウの恨みは今も消えていない、今の自分たちにつながる出来事である、という考え方をイスラム教徒はずっと持ち続けたまま今に至ります。イスラム教徒の多くは、父親のイサクが、当初、ヤコブではなくエサウを自分の後継者にしようとしていた事実を、現在も忘れていないのです。

こうして、数千年前の聖書の中の長子権問題は、エサウの子孫であるイスラム教徒と、ヤコブの子孫であるユダヤ教徒との確執という形をとりながら、現在進行形の歴史として継続し続けている、というわけなのです。

さらに聖地をめぐる問題も存在します。実は、イスラム教もキリスト教もユダヤ教も同じひとつの場所を聖地としているのです。

今、諸事情から、まだ多くの国から容認されていませんが、実は、イスラエルの首都はエルサレムです。ヤコブが神から戴いた別名がイスラエルであることからもわかるように、ヤコブを祖とするユダヤ人が造った現代のイスラエルはユダヤ人のための国であり、エルサレムも当然、キリスト教とユダヤ教の聖地――ではあるのですが、一方、聖書を信じ、学びながらイスラム教を興したムハンマドにとっても実は、エルサレムは大切な聖地なのです。

ムハンマドは、聖地エルサレムで天国に昇天する旅を経験したとされています。この昇天は、肉体的な昇天ではなく霊の昇天と言われており、死を体験したわけではないものの、昇天の際にはイエスとも会ったのだそうです。

ムハンマドが埋葬された墓は、サウジアラビアのメディナという場所に存在し、こちらもイスラム教の大切な聖地になっています。

◆ユダヤ人の悲願を成就させた力

絡んだ糸が数千年もほどけず、現在にまで引き継がれてしまっている……ユダヤ教とキリスト教、そしてイスラム教の間にある確執を、その水面下から眺めてみると、どうしてもそんな思いが湧き上がってくるのですが、それよりもさらに大きな、ある意味、「聖書は今に生きている書物」である証拠そのものが、もうひとつあるのです。

みなさんもよくご存知の、イスラエル建国が引き起こしてしまった大きな混乱です。

イスラエルという国は、ユダヤ人にとっては悲願ともいうべき国でした。

なぜなら、西暦七〇年頃にローマ帝国との戦いに敗北して以来、一八〇〇年間以上もの間、ユダヤ人は自分の国を持つことができず、ヨーロッパの各国に離散して様々な国を彷徨っていたからです。

ようやくその念願を叶えることができたのは一九四八年のこと、それが今に至るイスラエル国家の誕生です。

尚、ユダヤ人の入植は、武力により強引に行われたものでは無く、イスラム教徒から土地を購入するという、お互いに納得の上でのイスラエルの地への帰還でした。

それにしても、です。

なぜ、ユダヤ人たちは、先祖が住んでいたとはいえ、敵対勢力が大勢住んでいると分かってい
る土地に、一九四〇年代になってわざわざ戻って来たのでしょうか？

「その理由は聖書にあるんですよ」と私がみなさんに言ったとして、すぐに納得してくださる
方は、今の日本にどのぐらいいるでしょう？

しかし、それが事実なのです。政治的な背景はもちろんあったでしょう。聖書の中にある預言
を二千年以上信じ続け、それを新しい国を建設するエネルギーに変え、実際に実行したのはもち
ろんユダヤ人の末裔を自認する人々です。

ですが、彼らにその力を与えたのは他でもない、聖書なのです。

イザヤ書 54：5～8 を開いてみてください。少し抽象的ですが、「イスラエルの人々が必ず
創造主の力でイスラエルの地に戻る」と約束されているのです。

イザヤ書

あなたの造り主があなたの夫となられる。その御名は万軍の主。あなたを贖う方、イスラエル
の聖なる神／全地の神と呼ばれる方。54：05

捨てられて、苦悩する妻を呼ぶように／主はあなたを呼ばれる。若いときの妻を見放せようか

と／あなたの神は言われる。54：06
わずかの間、わたしはあなたを捨てたが／深い憐れみをもってわたしはあなたを引き寄せる。54：07
ひととき、激しく怒って顔をあなたから隠したが／とこしえの慈しみをもってあなたを憐れむと／あなたを贖う主は言われる。54：08

二千年の間には、月の光のない真の闇夜のような日々もあったはずです。そんな夜でも消えない灯火として、彼らが胸に秘めながら灯し続けてきた言葉が、おそらくこれだったのではないでしょうか。

◆創造と破壊？　運命を預言する聖書の力がもたらすもの

さらに、ユダヤ人たちは、三〇〇〇年近くも昔にソロモン神殿が建っていた場所の跡地に、どうしてもイスラエルの神殿を再建しなければならないという、使命感を持ち続けています。その使命感は聖書のある聖句と密接に結びついています。それはユダヤ人の多くの研究者も預言としての価値を認める、ヨハネの黙示録11章にある一節です。この章には、エルサレムの再建された神殿も登場しています。

「エルサレムに二人の預言者が出現し、その後、主の降臨がなされる」

聖書では、主の降臨する場所はイスラエル神殿の近くにあるオリーブ山である、とされています。イエスが天に昇ったのと同じ場所に降臨されるのです。（ゼカリヤ書14：4、使徒言行録1：11〜12参照）つまり、神殿がないということは主の降臨がなされないということ、すなわち、預言が成就しないということを意味します。それはこの預言を生きる縁のように信じるユダヤ教徒にとっては、絶対にあってはならないことですから、どうしてもエルサレム神殿を再建しなければならない……と考える彼らの心情は、聖書を信じる私にもよく理解できることではあるのですが、神殿を建てようとしている場所がなんとも、一筋縄ではいかない複雑な場所なのです。

ユダヤ人が神殿の再建を願う聖地の付近には、イスラム教徒が最も尊敬するアブラハムが犠牲を捧げた跡が残る岩の上に、金色の屋根を持つイスラム教の「岩のドーム」が建っており、そこはイスラム教徒にとっても絶対に譲ることができない聖地です。

もしも、ユダヤ人が、現在はイスラム教所有となっている「神殿跡地」を取り戻そうとするならば、今以上に近隣諸国や自国内での宗教的対立が深まることは、避けられないでしょう。

この神殿の再建問題をきっかけに、世界的規模の大きな戦争（第三次世界大戦）に発展しないという保証は、どんな政治家もできないのではないでしょうか

私は、このヨハネ黙示録の預言が、全世界の人々に危機をもたらす火種になる可能性があるのではないかと、本気で、大いに心配しているのです。

さて。聖書とはつくづく、考えれば考えるほど、稀な書物だと思わずにはいられません。もう一度、申し上げますが、聖書は過去に存在した単なる歴史記録ではないのです。

今も数十億人もの人々が自分なりに解釈をして信じている、現代に生き続けている書物であり、そして、これからも、過去のすべての歴史を引きずりながら、この世界が続く限り多くの人々の願いと共に生き続けなければならないという、なんとも不思議で過酷な運命を背負った書物でもあるのです。

第５章
広く宗教をめぐって

❖結びにかえて❖

「幸せ」ということ

今がいちばん幸せ

私の母は、現在、老人用の施設に入っています。母は自分の足で歩くことができず、息子である私の名前も分からなくなってきました。以前は、何かの拍子に思い出したりしていましたが、最近は、その奇跡も滅多に起きなくなっています。

今から二年ほど前のことになりますが、九十歳を過ぎた母の口から「私は幸せだと思う」という言葉が飛び出し、はっとさせられました。七十歳を過ぎてからというもの、母はたびたび「自分は今がいちばん幸せだ」と話していたのですが、息子の名前を思い出せないようになった今もその気持ちは変わっていないことを、思いがけず確かめる言葉ともなったことで、感慨がありました。

母は非常に面倒見のよい性格でしたので、夫婦仲に問題があった親戚に対して「私が幸せを感じるようになったのは、七十歳を過ぎてからだよ。だからあなたも、これから夫婦の良さが分かるようになって、幸せになれると思う。もう少しの辛抱だよ」と、慰めている様子を何度か目にしたことがあります。

私には子どもの頃に両親が喧嘩をしていた記憶がありません。しかし、私の知らないところでは、たびたび夫婦喧嘩をしていたようですので、今から考えると、子どもにはその姿を見せないようにしていたのだろうと思います。

二十年近く前、母に「これまで父親と喧嘩して、実家に帰ったことがあったか」と聞いたことがあります。すると、私の質問に驚いた顔で「何度もあったよ」と言うのです。

言われて思い出したのですが、私が五歳くらいの頃、母の実家で父が迎えに来るのを親子で待っていた記憶が蘇ってきました。そこへ、父が「迷惑を掛けてしまってスミマセン」と謝りながらも、ニコニコしながら母と私を迎えに来たのです。父親はいつもより優しく、私をおんぶしながら星の話などをしたりして、楽しく家に帰った、という記憶です。

今にして思えば、夫婦喧嘩の後に母親が家を飛び出して実家に帰り、父親が母と私を迎えに来た場面だったのでしょう。今となっては、本当に懐かしい思い出です。

　その父親が数年前に亡くなった時、母はすでにボケが進んだ状態にあったにもかかわらず、やはり、わかったのでしょう。父の死に顔を見て「私を置いて逝かないで」と棺桶にすがりついて泣いたのです。

　ところが、この話には続きがあり、父の死の翌日、施設に戻った母親と話したところ、父親が死んだことをすっかり忘れてしまっていたのです。一筋縄ではいかない人生の不思議さを教わる思いでしたが、一方で私は、そんな母親を眺めながら「すぐに忘れられることも幸せなことだな」と確かに強く感じたのでした。

　そもそも私は、日々、このような状態にある母親が不幸だとは思っていません。母は人が歩むべき道を歩んでいるだけなのです。私たち家族の名前は忘れていますが、九十歳を過ぎた母親の表情は穏やかで幸せそうです。それは、良い人生を歩んだ証拠なのかもしれません。

　最近、私は加齢によって死が近づくことも、病気や事故で死ぬことも、別れの寂しさはあるものの、極度に忌み嫌うべきことではないものだと感じるようになりました。もしかすると、死をきっかけに、神々や先祖、亡くなった家族や友人たちと会える次の世界は、現世以上に楽しいのかもしれません。

「誕生と死」が存在する人生は、神様が熟慮の上でお創りになった「最高に優れたシステム」のように思えるのです。

「神の声を聴ける」幸せ

ところで、私たちには選択の自由があり、過去にない程に物質的に恵まれた良い時代に生きています。様々な情報が溢れ、さまざまな種類の美味しい食べ物を楽しむことができます。選択の自由があるということ、自分が何かを選択できるということは確かにありがたいことだと思いますが、私は、私たちがこの世で得られる最大の恵み＝祝福は、もう少し別のところにあるのではないか、と思っています。

それは、神の声を聴くことができる預言者や審神者の指導を、直接受けることだと思っています。

私は、自分が所属している白川学館が、千年間以上も続き、審神者を有しているということに信頼を寄せているとともに、心強さを感じています。このことが、私が今も門人として所属している大きな理由です。

天国と同じ意味を持つと私が解釈している、神道でいうところの高天原には、一切の強制がありません。強制があっては本当の幸福は実現できないからです。白川神道にも、強制的に見えるような辛くて厳しい修業は一切存在していません。

それでも、神道を究めようとする人は自主的に修業を行っているようです。白川神道にも、私たちが、祓いや浄めの過程を通じて、自分自身の手で神を掴むための方法が用意されています。しかし、神の道は、教わった方法をヒントにしながらも、最終的には自分で掴まなければならないのも事実です。だからこそ、私たちが神と直接心を一つにするためには、熱心な祓いや祈り、瞑想などが必要なのでしょう。

私はかなりの怠け者なので、あまり積極的に修業や鎮魂を行いませんが、楽観的な気持ちを持っています。なぜならば、私たちの多くが、すでに悟りの一部を得ていると思うからです。

悟りとは何かを言葉にすることは簡単なことではありませんが、白川神道でいわれる「神を掴む」という感覚がそれに近いのかもしれない、と思うことはあります。「悟りを得るためには、まず、この世での自分の役割を知らなければならない」と言われたのは、私の仏教の師である白鳥真路老師ですが、確かに、自分のこの世での役割を知らなければ、自分がしていることの意味を自分で位置付け理解することはできません。そのような自分のあり方では、「神を掴む」どころか、雲をつかむように日々を送ることになってしまうでしょう。

しかし、心強いことに、私が接する機会を持つ、神道や仏教の門人の多くは、神から与えられた自分の役割を自覚しているようですから、そのような目覚めた人たちの中で学ぶことができる自分の幸運と幸福を、感じる日々でもあるのです。

謝辞～妻との別れに導かれ

かつて、私は、今は亡き妻から「あなたほどついている人を見たことがない」と羨ましげにいわれたことがあります。

彼女がなぜ私をそんなに羨ましがったのかといえば、私が神に一生懸命に祈ったことは必ず実現していたことを、傍で見ていたからです。私自身も、自分が神から恵まれていることを素直に感じていました。

しかし、妻が長年患っていた病気で亡くなった時、私は彼女の死に様を非常に羨ましく感じました。妻は最期の日まで私と普通に会話ができ、ほとんど苦しむことなく安らかに神のもとに帰った――私にはそう感じられました。

私は、妻にそのような最期を与えてくださった神に心から感謝する一方、彼女の最期の日々の生き方と死に様を、大変羨ましく感じました。それは非常に強い感情で、言葉が適切かどうかわかりませんが、まるで祝福されるかのように天に召された彼女に対する、ほとんど嫉妬心に近いものではなかったかと思います。

しかし、私はすぐには妻に会いに行くことはできず、その時から今に至る数年間は、「私にはまだこの世で果たさなければならない役割が残っているのだろう、その役割を果たさなければ妻が住んでいる次の楽しい世界には行けない運命にあるのだろう……」

そう思いながら過ごしてきたのです。

そうは思いながらも、実際にはなかなか、神様が私に課せられた役割を確信できぬまま過ごしてきたのですが、このたび、この本を書くという稀有な機会にめぐりあうことができたおかげで、「そうか、これが残された私の役割の一つなのかもしれない」と思えるようになったことを、嬉しくありがたく感じております。

さまざまな方々から御助力を得ながら、極めて自然にこの本を出版する運びとなったことに、心から感謝しています。


本書の元になった最初の拙稿は、甲府に本拠を有する白川学館の会報誌「白川通信」においてご紹介をいただいたものです。白川学館は、神道が行う祭祀の中でも、天皇家だけに長く秘儀として伝えられてきた白川神道の教えを、現代の知恵として広く活かすための活動をされている、いわば篤志家による開かれた学びの場所ですが、おぼつかない足取りで踏み出された拙稿の研磨の場をさらにいただいて、こうしてみなさんの目に触れるところまでたどりつけたのは、ひとえに代表の七沢賢治氏のお力添えによります。

古代のシャーマニズムから、神道研究、聖書研究まで、世界のさまざまな宗教や祭祀儀礼の根本を広く研究、渉猟された方だからこそそのご寛容に、深く感謝しております。

書籍としてまとめるにあたっては、企画段階から上梓に至る長い旅のガイド役を、佐藤大成社長をはじめ、和器出版編集部の方々にお願いしながら、多くの方々からご協力とご助言をいただきました。原稿の整理では早坂美央子さん、装幀デザインでは松沢浩治さんに大変お世話になりました。みなさまのおかげで、妻にも無事よい本ができたことを報告することができます。この本を著すことで、神様から安らかな次の段階の世界への旅を与えて頂けるのではないかという、喜びも感じています。

最後に。どんな言葉を紡いだとしても十分には私の今の気持ちをお伝えできないとは思いますが、本書をお読みくださったみなさまへ、そして、素晴らしい特別寄稿を頂戴し、本書の意義をより深いものにしてくださった七沢賢治氏へ、改めて、心より深く深く感謝申し上げ、筆をおかせていただきます。

どうもありがとうございました。

二〇一八年三月　対馬栄逸

●付記

聖書からの引用句はすべて、新共同訳によりました。

特別寄稿

一神教と多神教を分かつもの

七沢賢治

七沢賢治（ななさわ　けんじ）

一九四七年山梨県甲府市生まれ。

早稲田大学卒業。大正大学大学院文学研究科博士課程修了。

言語学の奈良毅、言霊学の小笠原孝次、平安中期より幕末までの八百年間、宮中祭祀を司ってきた伯家神道（白川神道）の継承者である高浜浩ら碩学から薫陶を受け、古今東西の知の統合を目指す研究とその実践の道に入る。古代のシャーマニズムから現代の最新科学、情報システム学までを視野に収める統括的な視点から、知識の模式化を土台とした情報処理システムの開発、言語エネルギーのデジタル化による次世代システムの開発、伝統医療の統合と再構築の試みなど、さまざまな分野の独創的なシステム設計を手掛ける一方で、長らく秘儀とされたきた伯家神道の叡智を広く一般社会の叡智として活用できるようにとの願いから、伯家神道の研修機関である白川学館を再建、その行法の伝授、普及にも力を注いでいる。

現在、同学館代表理事のほか、株式会社七沢研究所 代表取締役、一般社団法人白川学館 代表理事、一般社団法人国際整体協会 最高顧問、和器出版株式会社 最高顧問などを務めている。

著書に『２０２０年「新世界システム実現」のための言霊設計学』（ヒカルランド）、『龍宮の乙姫と浦島太郎』（小笠原孝次との共著 和器出版）、監修書に『言霊百神』『神道から観たヘブライ研究三部書』（いずれも小笠原孝次著 和器出版）など。

聖書から学ぶことは多い。私もかつて大学院で宗教学を専攻し、無教会派のキリスト教の研究をしていたことがある。本書の著者、対馬氏と対話をすると、氏がいかにこの世界を掘り下げ、そこから掴み得るエッセンスを、自身の血肉に変えてきたのかがわかる。

そうした背景をお持ちであることから、私は自身が主宰する『白川通信』という会員向け情報誌を通じ、氏が旧約聖書や新約聖書から学ばれた中身や体験を、会員の方々にお伝えしてみてはどうかと提案したことがある。その連載は予想通り好評を博し、それを一冊の書籍にまとめたものが本書『聖書は我にかく語りき』である。

旧約聖書には、『イザヤ書』、『エレミヤ書』、『エゼキエル書』という三つの預言書がある。とりわけ『イザヤ書』には、対馬氏を惹きつける何かがあった。そこにはこんな言葉がある。「私は光を造り出し、闇を創造し、平和を創り、災いを創造する。私は主、これらすべてを造る者。」(45章7節)この一節は、恐らく真理を求める氏の心に響いたに違いない。

私はどちらかというと『イザヤ書』をある種の文学作品のように読んでいたが、そこに求めたものは著者と何ら変わるところがない。同様に、旧約にある『詩篇』の一節が、若き日の自分を捕らえて離さなかった。その一文がこれである。「鹿が谷川の流れを慕いあえぐように、神よ。私のたましいはあなたを慕いあえぎます。」（42篇1節）

ここに「慕いあえぐ」という言葉が出てくるが、まさに私が神を求める原点がそこにあった。対馬氏にとっても聖書研究の目的は同じ部分にあったように思う。研究という形態こそ取ってはいるが、それはまさしく神を求める行為に他ならない。ある意味、対馬氏も私自身も同じものを追求する過程において古神道の世界に遭遇したといえるだろう。著者も本文で触れているように、それが白川神道という神を喰らうためのシステム学習であった。

ところで、本書には輪廻転生という概念が出てくる。本来聖書はリインカネーションを否定する立場であり、名だたる聖書の研究家ですら敢えてその世界に踏み込もうとしない。あるいは、元々その世界に気づいていないとすらいえる。そこにはじめて気づいた氏の功績は大きく、ある意味衝撃的ですらある。

古神道でも基本は聖書の考えと同じであり、輪廻はなく人間の魂は死後天と地に吸収されるといわれる。だが、それも人生を全うした場合に限られ、誰も彼もが清浄な姿であの世に転送されるわけではない。それには、もう人間に生まれ変わる必要もないぐらいに、生き切ったという達成感が必要なのであろう。

一般的には、実際にそのようなことが可能なのかという疑問が出てくるであろうが、白川のシステム学習にはそれがあるとだけ言っておこう。要は一度の人生を何倍にも広げて使うことができれば、それが可能になるということである。その前提にあるのが、祓いであり鎮魂であり、言霊である。創造、維持、破壊というサイクルをいかに高速で回せるかというところに、その奥義がある。関心がおありの方は、対馬氏と同じように、白川の門を叩くのも手だろう。

話を著者に戻すと、菜食や生贄はカインとアベルの頃からのテーマといえるが、氏は正真正銘のベジタリアンである。それも頑ななまでに。そこには世俗の人々が真似できない、強い信仰心を感じることができる。同時に、神に誓いを立てるという健気さ、頑なさもある。神の前で宣言することの大切さを心から理解されているのであろう。旧約聖書に出てくる預言者たちと同じ気持ちで生きられているに違いない。氏の態度を見ると、白川神道に対してもそれは同じである。

今という時代は、創造神からシャーマニズムとアニミズムを融合した古代信仰を、純粋な形で見い出すのは極めて難しい状況にある。しかし、ありがたいことに、白川神道の「おみち」という神人一如の作法には、それが多神教という元の姿のまま残されている。著者も指摘するように、エホバと並び唯一絶対神と崇められるエロヒムは、神を示すエルの複数形であり、したがって旧約聖書における所謂創造主も、本来は絶対なる一者ではなく、むしろ多神教的であったと見る方が自然ではなかろうか。少なくとも古神道の世界に「はじめに成りませる神」はいらしても一神という概念はない。

読者も、本書に様々な情報が散りばめられていることにお気づきだろう。ただ学びたいからとか、知識を増やしたいから、といった欲望から出てきたものであれば、情報の価値にも限界がある。しかし、真に神を掴まんとする求道心から出てきたものであれば、そこには生きた学びがあるといえるだろう。かつて一遍上人や日蓮が仏教から神道を垣間見たように、著者は禅も学び、神道に聖書の届かない答えを求めようとした。普通は隠したくなる向きもあろうが、聖書の枠に囚われず、純粋に真理を追い求める姿がそこにはある。

旧約聖書といえば、『創世記』冒頭の「はじめに神は天と地とを創造された」、「神は『光あれ』と言われた。すると光があった」が有名だろう。宗教学を専攻する中で、私にとっても、『創世記』

のはじめに出てくる神の創造世界をどう読み解くかがテーマであった。また、モーセが神から十戒を授かる『申命記』の特定箇所もそうである。この世には真理といわれるあらゆる法則が存在するが、その中心にあるものは、あくまで宇宙創造の原理に他ならない。そのためのヒントがこの旧約聖書にはあると考えられるのである。

『出エジプト記』によると、モーセは神の命令によって奴隷状態のヘブライ人をエジプトから連れ出す使命を二度受けている。エジプトから民を率いて二度目の脱出を試みたモーセは四〇年にわたって荒野をさまよったが、約束の土地であるカナンを目前にしてこの世を去ったといわれる。その時のモーセの心境はいかなるものであったろうか。人々をカナンの地に導くという役割、ミッションといったものを不遜ながら自分たちの活動に重ね合わせてみると、意外にも見えてくるものがある。

つまり、時代は大きく異なれど、我々が白川学館はじめ、いくつかの法人を通じて展開している事業の中身は実はモーセのそれと同じであり、創造の原理を布教しながらカナンの地を求めるという行為も、我々が「祓い、鎮魂、言霊」を提唱し、「イソノミヤ」という新たな社会を標榜している姿に似ているのではなかろうかという、不遜ながらの思いである。今さらではあるが、本書の中身は我々に新たな確信を呼び起こすものとなっている。

結局、宇宙創造とは何であるのか。果たして人間に捉えられる世界なのか、あるいは純然たる神の問題なのか、様々に意見の分かれるところであろう。しかし、これだけは確かである。旧約聖書には宇宙がはじまる時の表現がある。つまり、はじめに何かがあり、何かが起こると書かれているわけである。世界にはあらゆる神話が存在するが、神々の創造という意味においては、日本の古事記も同様である。それを行の世界に当てはめていうと、鎮魂法ということになろうか。宇宙創造の始まりを、鎮魂という黒曜石を見つめる行為の中で目撃するのである。

イエス・キリストは、自らが宇宙創造のはじめにいたと語っている。つまり、宇宙ができる姿を見たということである。実際にそれは、所謂教祖になるための最低条件ともいえるが、一神教であれ多神教であれ、クリエータの世界に身を置くための指標として押さえておきたいポイントである。

一神教の世界において、唯一絶対の神はエホバと呼ばれるが、通常それはＹＨＷＨと表現される。そこから何がわかるかというと、母音がないということである。言霊学では、ＹＨＷＨなどを父韻、ＡＩＵＥＯを母音と表現するが、この母と父が交わって、たとえば「ＹＡ（や）」のような子音が生まれるとされる。そのような観点で改めてＹＨＷＨを見ると、まさにそれは「天にましますす我らの父」として父韻だけの存在になっている。それにより神を何時でも呼べなくなった。

言霊学の世界では、神の光とは惑星の光であり、太陽系の惑星がすなわち父韻であるとされる。つまり一神教では、天の父だけが神だというわけである。それをシュタイナーは母音に変えてしまった。惑星の周波数を母音と勘違いしてしまったのである。だから本当の神の姿がわからなくなってしまった。神智学が人智学に変わってしまったのには、そんな理由がある。地球の周波数は実は母音のそれであることに気づかなかったのである。

そのように見ていくと、著者の対馬氏が白川神道の門を叩いた理由もよくわかる。これまで聖書研究を通じ､神を探してきた。また真理を求めてきた。しかし､納得のいく答えが得られなかった。けれども､どこかにその答えがあるはずであると。そこで目を向けたのが遠い外国ではなく、古事記の国日本であった。氏は白川神道に母音を探しにきたのである。

本書にはルシファーが金星の意であったと書かれている。そしてイエスも金星から来たと。インドでは仏陀が菩提樹の下で金星と一つになったといわれ、日本でも空海の口の中に金星が入ってきたと伝えられる。いずれも悟りの世界を金星と共に紹介したものであるが、愛の星、芸術、直感の星と呼ばれるこの金星こそ、父韻の中でも父なる神の姿をかたどったものだと考えられるのである。愛情の深い著者の人となりを見てもなるほどと頷ける。本文からも情熱を持って愛を伝えようとする真摯な気持ちが伝わってくる。

一方、古神道の世界は愛だけに終わらない。つまり、金星という父の世界に終わらないということである。天なる父だけに意識を集中することで、そこにはある種の淋しさが生まれる。それを母音、すなわち母親のいない淋しさといってもいい。それが故に、余計に愛を求める傾向もあるように思われる。それを補完するのが母なる地球の役割であり、実際、白川神道の「おみち」の行は、地球における五行の神の修行から始まっている。

旧約聖書では、砂漠や気候など厳しい自然を舞台にした話が多い。そこに見られる自然との対立構造は、同時に人間にも厳しさを要求する。モーセがそうした環境の中でも、人間にとって最適な土地を見つけ出すために向かった先が、カナンの地であったというわけである。そこはまさに乳と蜜の流れる地と愛に育まれた環境であり、母音と父韻の世界が融合した場としてモーセが目指した世界であったに違いない。

こうして見てみると、実はそれこそ自然豊かな日本の姿であり、古神道そのものの世界を表すように思える。ＹＨＷＨという神を表す言葉に母音がないことは、彼らの世界観に自然と融合できる一体感、安心感がないことを裏付ける。必然的にそれは、自然への回帰本能を呼び起こすものとなるのである。最後に向かう先は、「父、子、聖霊」ではなく、やはり「父、母、子」の世界ではないだろうか。

以上、独善的ではあるが、思うところを述べさせていただいた。しかしながら、聖書と古神道それぞれの立ち位置を見比べることにより、現代文明のありようもより明確になったのではないかと思う。もちろん、この時期に出版された本書というきっかけあってのことである。まさに時代の転換期を感じずにはいられない。

対馬氏が聖書の先に古神道を求めたということは、本書が聖書の一解釈書に終わらないことを意味する。そして、この本が、実は言霊学と白川神道の入門書を兼ねていることに気づかれる読者がいたら、それは幸いかもしれない。なぜなら、氏が求める真理の世界を、氏と同様の苦労なく掴めるチャンスがあるからである。本書がそのような意味において、読者の、さらには人類の未来への指標となればうれしく思う。

本書冒頭に「イエスは意図的に漁師から十二使徒を選んだ」とあるが、これは宗教に群がる人間を魚に見立て、以降その仕組みが二千年の長きに渡って続くことを示唆している。しかし、魚座の時代は終わり、これから水瓶座の時代が始まろうとしている。これは何を意味するのだろうか。ここまでお読みになられた諸氏は既におわかりであろう。水瓶の中で魚たちは生き延びることができる。すなわち人類が神の子としての本来の尊厳を取り戻すということである。聖書が示す栄光の時代はすぐそこに来ている。

対馬栄逸 Tsushima Eiitsu

1946年、青森県弘前市生まれ。

キリスト教系の高校生の頃、はじめて「運命の書」聖書に出会う。

「神と聖書の言葉を信じる立場と、宗教、宗派、教義の枠にとらわれない自由な信仰者であることは矛盾せず」との信念から、聖書を「今に生き続ける言葉」として創造的に読み、宗教の枠組みをこえて、神と人間をめぐる思索の成果を執筆する活動を続けている。古代から天皇家祭祀を司ってきた白川神道の学びの場である白川学館の門人でもある。

座右の銘は「人間に頼るのをやめよ／鼻で息をしているだけの者に。どこに彼の値打ちがあるのか」（イザヤ書02章22節）

聖書は我にかく語りき

2018年3月23日 初版第1刷発行

著　者　対馬栄逸
発行者　佐藤大成
発行所　和器出版株式会社
住　所　〒102-0081 東京都千代田区四番町3 番町MKビル5F
電　話　03-5213-4766
ホームページ　http://wakishp.com/
メール　info@wakishp.com

編集協力　早坂美央子
装幀　松沢浩治（ダグハウス）
印刷・製本　シナノ書籍印刷株式会社

◎落丁、乱丁本は、送料小社負担にてお取り替えいたします。

ISBNコード 978-4-908830-11-2
※定価は裏表紙に表示してあります。

全人類に向けた現代人必読の書。[言霊学事始]シリーズ第3弾

ユダヤが「また元の一つに戻る」時、
言霊と共に天津太祝詞の世が始まるのである。
人類はエホバによって覚醒する。

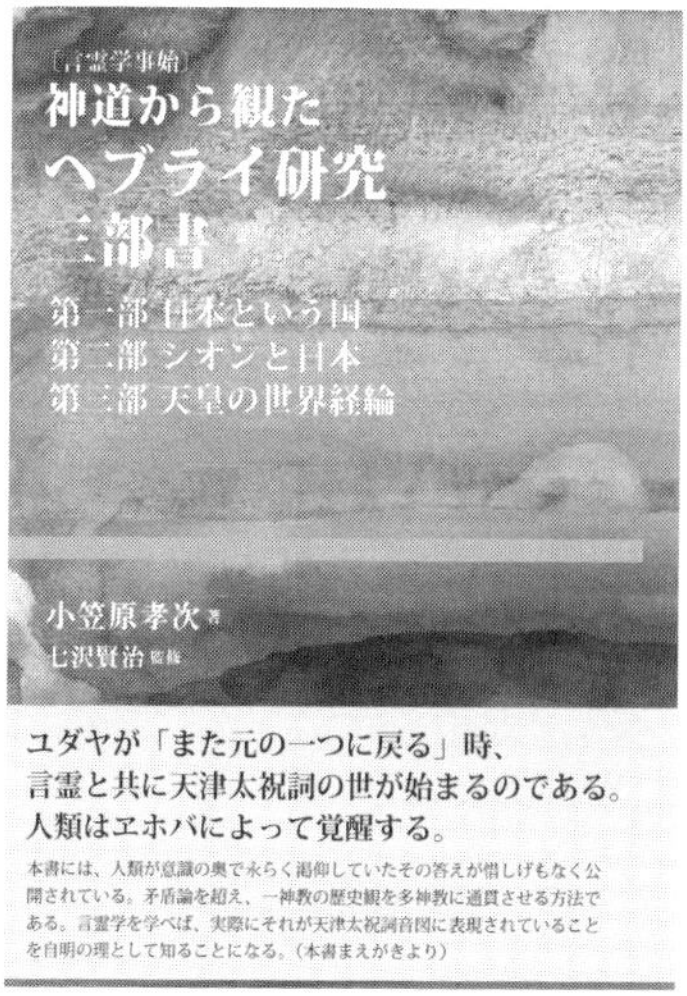

A5判・2017年(平成29年)発刊
価格(本体4,000円+税)

〔言霊学事始〕
神道から観た
ヘブライ研究三部書
第一部　日本という国
第二部　シオンと日本
第三部　天皇の世界経綸

本書には、人類が意識の奥で永らく渇仰していたその答えが惜しげもなく公開されている。矛盾論を超え、一神教の歴史観を多神教に通貫させる方法である。言霊学を学べば、実際にそれが天津太祝詞音図に表現されていることを自明の理として知ることになる。(本書まえがきより)

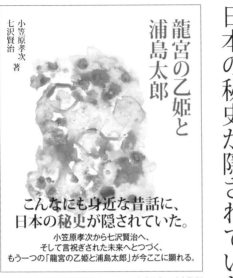